Demokratins baksida

av

Frank Karsten & Karel Beckman

Översatt från engelska av
Joakim Kämpe och Klaus Bernpaintner

Stockholm, April 2013

Originaltitel: *Beyond Democracy*

I samarbete med
Mises-institutet i Sverige

Demokratins baksida

*Varför demokrati leder till konflikter,
skenande utgifter och tyranni.*

www.demokratinsbaksida.com

ISBN-13: 978-1484092156
ISBN-10: 1484092155

Version: 1.1
April 2013

Författarna

Karel Beckman är författare och journalist. Han är chefredaktör på European Energy Review. Tidigare jobbade han som journalist på den holländska finanstidningen Financieele Dagblad. Han har tidigare publicerat en bok med titeln "No Global Waming: The Myth of Environmental Decline". Hans hemsida är www.charlieville.nl.

Frank Karsten är grundare till Mises Instituut Nederland (mises.nl), en holländsk libertariansk organisation som försöker minska skatter och statliga interventioner. Han talar regelbundet offentligt och arbetar aktivt för att minska statens inkräktande i människors liv.

Författarna vill uttrycka sin tacksamhet till Joakim Kämpe och Klaus Bernpaintner för att de har gjort denna svenska utgåva möjlig.

Translators

Joakim Kämpe är redaktör och vice-ordförande på Ludwig von Mises-institutet i Sverige (www.mises.se). Tillsammans med Joakim Fagerström grundade han institutet i februari 2010, och har sedan dess översatt och författat en mängd olika artiklar. Han är även redaktör på Instituto Mises Hispano (www.miseshispano.org), som han var med och grundade i november 2011. Joakim är dataingenjör med mångårig erfarenhet inom konsultbranschen, och har även studerat en magisterexamen i Österrikisk ekonomi under Jesús Huerta de Soto i Madrid under 2011 och 2012.

Klaus Bernpaintner är Senior Fellow på Ludwig von Mises-institutet i Sverige där han varit verksam sedan 2011. Han bidrar regelbundet med artiklar och håller föredrag i ekonomi och frihetsfrågor. Han organiserar även den årliga tillställningen FreedomFest Stockholm sedan 2011. Han har en civilingenjörsexamen från KTH och en MBA från the Wharton School, University of Pennsylvania, och arbetar med finans och informationsteknik.

Innehåll

Förord

av Joakim Kämpe

Varje samhälle har sina myter och trosuppfattningar som formar medlemmarnas uppfattning om verkligheten och om vad som är rätt och fel. Av denna anledning har förtryckare i alla tider haft ett stort intresse av att styra dessa föreställningar för att kunna bestämma sina undersåtars verklighetsuppfattning och på så vis bevara rådande maktstrukturer. Historiskt har vi exempel på hur slaveriet rättfärdigades med läror som förklarade att vissa raser var naturligt överlägsna andra raser, och hur kungens eller kejsarens makt rättfärdigades med idén att de var Gud eller solen i mänsklig form. Idag ter sig dessa trossatser bisarra och avlägsna, men en gång i tiden var de lika självklara som vår tids stora myt är för oss idag.

Vår tids stora myt är demokratin.

Som svensk uppfostrad inom det svenska skolväsendet hade ordet demokrati länge en enbart positiv klang för mig. Det var uppenbart att frihet, framsteg, lycka, samförstånd och fred var ord som var helt och hållet synonyma med demokrati. På de få gudsförgätna platser på vår jord, dit demokratins ljus ännu inte hade nått levde människor ett miserabelt liv i väntan på demokratins frälsning.

Den bok som ni nu håller i era händer ifrågasätter hela detta tankesätt och synar demokratibegreppet i sömmarna.

I grund och botten är demokrati institutionaliserat våld. Detta kan te sig som ett chockerande påstående för många. De allra flesta som stödjer demokrati anser sig ju samtidigt vara kategoriskt emot våld och om man frågar hävdar de allra flesta att de aldrig skulle kunna tänka sig att utföra en våldsam handling. De förstår mycket väl att de inte kan gå till sin granne, trycka en skarpladdad pistol mot hans huvud, och kräva honom på pengar för att deras barn behöver utbildning eller mamma behöver sjukvård. Det är inte helt lätt att inse att demokrati fungerar exakt på det sättet, förutom att hoten och våldsdåden är delegerade till så kallade representanter. Även om man inser detta är det inte lätt att acceptera insikten. Det uppstår en kognitiv dissonans mellan det man vet är rätt och det som myterna och trosuppfattningarna säger. Helt plötsligt blir det som tidigare var så uppenbart en komplex och svårbegriplig dimma. Vardagen är faktisk inte svart och vit, påstås det, och det stämmer ju, men principer är enbart svarta och vita. Allt oprovocerat våld är precis så nattsvart som det verkar vara vid första anblick, och det spelar absolut ingen roll om våldsdåden utförs av dig personligen eller dina valda representanter.

Detta sätt att se på demokrati står i stark kontrast med allt vi blivit skolade under vår uppväxt. Det är förståeligt att det finns ett motstånd till dessa tankegångar, men tänk om det faktiskt är så att det du har lärt dig om demokrati är fel. Tänk om allt är en lögn, och att sanningen i själva verket är raka motsatsen till det du alltid har trott. Tanken är svindlande. Det krävs ett stort mod att ens erkänna en sådan möjlighet, och än mer att faktiskt acceptera att så är fallet. För om demokrati inte innebär frihet, vad är det då? Har vi lurats till att tro att slaveri är frihet, att krig är fred och att okunskap är styrka?

Ett ärligt svar på de frågorna kan förändra hela din världsbild, precis som det gjorde för mig en gång i tiden. Det var dock en annan bok som först öppnade mina ögon inför detta faktum: Hans-Hermann Hoppes "Democracy: The God That Failed".

"Demokratins baksida" är påverkad av Hoppes fantastiska bok, men medan Hoppes bok är akademisk och bitvis svårläst är "Demokratins baksida" lättläst för alla. Boken monterar ner de demokratiska myterna en efter en, och när allt är klart återstår endast en hög av logisk aska. Inte nog med att demokrati inte är synonymt med frihet, framsteg, lycka, samförstånd och fred, *det är dess raka motsats*. Demokrati gör dig varken lycklig eller fri. Det gynnar inte framsteg, och det skapar konflikter snarare än löser dem.

Efter sin mästerliga nedmontering av de demokratiska myterna presenterar författarna Frank Karsten och Karel Beckman ett alternativ till demokrati. Alternativet är enklare än man kan tro, och det är inte diktatur: det är frihet, samförstånd och fred.

Trots att det är enkelt att förklara, och trots att det är fullständigt uppenbart när man väl sett det, tror de allra flesta människor ännu att demokrati är liktydigt med frihet, samförstånd och fred. Denna bok är ett effektivt redskap för att hjälpa människor att se demokratin för vad den verkligen är. Efter denna insikt finns ingen väg tillbaka.

Det är med stolthet jag för presenterar "Demokratins baksida" för en svensk publik. För att parafrasera ett välkänt citat är demokrati sannerligen den sista, eller i vart fall den senaste, utposten och den här boken tar dig dit väldigt få har vågat gå tidigare. Mycket nöje!

Joakim Kämpe
Stockholm, 14 april 2013
Ludwig von Mises – institutet i Sverige

Denna bok tillägnas Ludwig von Mises och Murray Rothbard.

Det är svårt att hitta större förebilder än dessa två för den som är engagerad i frihetens sak. De var intellektuella giganter som inte vacklade i sitt sökande efter sanning. Deras arbete visar otvetydigt hur frivilligt, marknadsmässigt, samarbete mellan människor är moder till allt välstånd, all civilisation och alla moraliska samhällen. De klädde också av den politiska makten dess krimskrams och visade hur detta tröga maskineri är alla framstegs motsats, hur det orsakar fattigdom, motsättningar och i slutändan krig. Mises och Rothbard var också hjältar i sina egna liv. De fortsatte rakryggat trots hårt motstånd, ofta till skada för sina egna karriärer, och ibland även med livet som insats. Deras idéer och insikter fick oförtjänt lite genomslag under deras livstider. Detta håller långsamt på att ändra sig då allt fler människor världen över hittar förklaringar på vår tids ekonomiska och samhälleliga problem i deras verk. Strax bortom de svårigheter som nu ligger framför oss ligger friare tider. Mises och Rothbards arbeten kommer få stor betydelse på vägen dit.

Introduktion till Demokratins baksida

Demokrati – det sista tabut

"Om vår demokrati lider av något fel idag kan det endast lösas med mer demokrati". Detta gamla citat från en amerikansk politiker illustrerar i ett nötskal en vanlig syn på vårt demokratiska system. Folk är beredda att hålla med om att demokrati har sina problem – de kanske till och med håller med om att många västerländska parlamentariska demokratier, inklusive den amerikanska, är på väg att kollapsa – men de kan inte föreställa sig något alternativ. Det enda botemedel de kan tänka på är, faktiskt, mer demokrati.

Få skulle förneka att vårt parlamentariska demokratiska system befinner sig i en kris. Överallt, i alla demokratiska länder, är medborgarna missnöjda och djupt splittrade. Politiker klagar på att väljarna beter sig som bortskämda barn, medborgarna klagar på att politikerna inte lyssnar till deras önskemål. Väljarna har blivit notoriskt ombytliga. De byter rutinmässigt sina allianser från ett parti till ett annat. De blir också allt mer attraherade av radikala och populistiska partier. Överallt fragmenteras det politiska landskapet, vilket gör det svårare och svårare att komma överrens och bilda fungerande regeringar.

De existerande politiska partierna har inga svar på dessa utmaningar. De är oförmögna att utveckla verkliga alternativ. De är fångade i rigida partistrukturer, deras ideal har kidnappats av intressegrupper och lobbyister. I princip har ingen demokratisk regering lyckats kontrollera sina utgifter. De flesta demokratiska länder har lånat, spenderat och beskattat i sådan grad att det resulterat i en finansiell kris som fört olika länder till konkursens rand. Och i de sällsynta fall då omständigheterna tvingar regeringarna att minska sina utgifter, i alla fall temporärt, revolterar väljarkåren i protest mot vad de anser vara en attack på deras rättigheter, vilket gör alla verkliga neddragningar omöjliga.

Trots de massiva utgifterna lider nästan alla demokratiska länder av permanent hög arbetslöshet. Stora folkgrupper förblir utanför. I stort sett har inget demokratiskt land avsatt tillräckligt för att hantera sin åldrande befolkning.

Typiskt sett lider alla demokratiska samhällen av en överdriven byråkratisk och regulatorisk iver. Statens tentakler når in i alla människors liv. Det finns regler och regleringar för allt möjligt, och alla problem hanteras genom skapandet av fler regler och regleringar snarare än verkliga lösningar.

> *Det är ingen överdrift att säga att demokrati har blivit en religion – en modern, sekulär, religion.*

Samtidigt gör demokratiska regeringar ett dåligt jobb beträffande det som många människor skulle anse vara deras viktigaste uppgifter – upprätthållandet av lag och ordning. Brottsligheten och vandalismen är utom kontroll. Polisen och rättsväsendet är opålitliga, inkompetenta, och ofta direkt korrumperade. Harmlösa gärningar kriminaliseras. Som andel av befolkningen har USA den största andelen fängslade människor i hela världen. Många av dessa människor sitter i fängelse för helt ofarliga gärningar, helt enkelt för att deras vanor anses anstötliga för majoriteten.

Folks förtroende för sina demokratiskt valda politiker har nått nya lägstanivåer enliga vissa studier. Det finns en djupt rotad misstro för regeringar, politiker, eliter och internationella organ, vilka verkar ha satt sig själva över lagen. Många människor har blivit pessimistiska om framtiden. De fruktar att deras barn kommer att få det sämre än de själva. De fruktar invasion av invandrare, oroar sig för att deras egen kultur hotas och längtar efter en svunnen tid.

Den demokratiska religionen

Även om den demokratiska krisen är allmänt erkänd existerar det i princip ingen kritik av det demokratiska systemet i sig. Det finns nästan ingen som skuldbelägger demokratin själv för de problem som vi upplever. Utan undantag lovar politiska ledare – och det spelar ingen roll om de är vänster, höger eller mitt emellan – att hantera våra problem genom mer demokrati, inte mindre. De lovar att de kommer att lyssna på folket och sätta allmänhetens intresse över privata intressen. De lovar att de kommer att skära ner på byråkrati, bli mer transparenta, bidra med bättre tjänster – att få systemet att fungera igen. Men de ifrågasätter aldrig hur önskvärt det demokratiska systemet i sig är. De argumenterar hellre för att våra problem skapas av för mycket frihet än av för mycket demokrati. Den enda skillnaden mellan de progressiva och de konservativa är att det är mer sannolikt att de förra klagar över för mycket ekonomisk frihet, medan de senare klagar över för mycket social frihet. Detta vid en tidpunkt då det aldrig har funnits så många lagar och så höga skatter som idag!

Faktum är att det är mer eller mindre tabu att kritisera den demokratiska idén i västerländska samhällen. Du tillåts kritisera hur demokrati utövas, eller de nuvarande politiska ledarna och partierna – men att kritisera det demokratiska idealet som sådant, det "gör man helt enkelt inte".

Det är ingen överdrift att säga att demokrati har blivit en religion – en modern, sekulär, religion. Man skulle kunna kalla den för den största religionen på jorden. Alla, förutom elva länder – Myanmar, Swaziland, Vatikanstaten och vissa arabiska nationer – påstår att de är demokratier, även om det enbart är till namnet. Denna tro på den demokratiska guden är nära sammankopplat med dyrkandet av den nationaldemokratiska staten som uppstod under 1800-talet. Gud och kyrkan ersattes med staten som samhällets Helige Fader. Demokratiska val är den ritual genom vilken vi tillber Staten för arbete, bostad, hälsa, säkerhet, utbildning. Vi har en absolut tro på denna Demokratiska Stat. Vi tror att Han kan ta hand om allt. Han är belönaren, domaren, den allvetande, den allsmäktige. Vi förväntar oss till och med att Han ska lösa alla våra personliga och samhälleliga problem.

Det vackra med den Demokratiska Guden är att Han ger alla sina goda gärningar helt och hållet osjälviskt. Som gud har Staten inget egenintresse. Han är den sanne beskyddaren av det allmänna intresset. Han kostar inte heller någonting. Han delar ut gratis bröd, fisk och andra favörer.

Åtminstone är det så det verkar för folk. De flesta människor ser endast vad staten levererar, men inte kostnaderna. En förklaring till detta är att staten samlar in skatter på många omständliga och indirekta sätt – genom att kräva att företag samlar in moms till exempel, eller genom att kräva att arbetsgivare samlar in arbetsgivaravgifter, eller genom att låna pengar på de finansiella marknaderna (som någon dag måste betalas tillbaka av skattebetalare) eller genom att öka penningmängden – så att folk inte inser hur mycket av deras inkomst som faktiskt konfiskeras av staten. En annan förklaring är att resultatet av statens agerande är synligt och går att ta på medan alla de saker som kunde och skulle ha gjorts om staten inte hade tagit folks pengar till att börja med förblir osynliga. Krigsmaskinerna som byggs finns där för alla att se. Alla de saker som inte skapas eftersom offentlighetens pengar spenderades på krigsmaskiner förblir osynliga.

Den demokratiska tron har blivit så djupt inrotad att demokrati för de flesta är synonymt med allt som är (politiskt) korrekt och moraliskt. Demokrati betyder frihet (alla får rösta), jämlikhet (alla röster är värda lika mycket), rättvisa (alla är jämlika), enhetlighet (vi bestämmer tillsammans), fred (demokratier startar aldrig orättfärdiga krig). Sett på detta sätt är diktatur det enda alternativet till demokrati. Och diktatur representerar givetvis allt som är dåligt: brist på frihet, ojämlikhet, krig, orättvisa.

I sin berömda uppsats från 1989, "The End of History?" går den neo-konservativa författaren Francis Fukuyama till och med så långt att han utropar det moderna västerländska demokratiska systemet som mänsklighetens politiska evolutionsklimax. Eller, som han själv skriver, idag bevittnar vi "universaliserandet av den liberala demokratin som det mänskliga regerandets slutliga form". Uppenbarligen skulle endast väldigt ondskefulla människor (terrorister, fundamentalister, fascister) våga protestera mot en sådan helig idé.

Demokrati = kollektivism

Men det är precis detta som vi kommer att göra i denna bok: vi kommer att attackera den demokratiska guden, speciellt i formen av nationell parlamentarisk demokrati. Den demokratiska beslutsmodellen är användbar inom vissa områden som till exempel inom små församlingar eller inom föreningar. Men en nationell parlamentarisk demokrati, vilket nästan alla västerländska demokratier är, har långt mer nackdelar än fördelar. Parlamentarisk demokrati, kommer vi att hävda, är orättvist, leder till byråkrati och stagnation, undergräver frihet, självständighet och företagsamhet, och leder oundvikligen till motsättningar, interventioner, letargi, och överdrivet spenderande. Detta har dock inte att göra med att vissa politiker misslyckats med sitt jobb – eller för att fel parti styr – utan för att det är så systemet fungerar.

Det som kännetecknar en demokrati är att "folket" bestämmer hur samhället borde organiseras. Med andra ord är det alla vi som "tillsammans" bestämmer om allt som rör oss. Hur höga skatterna borde vara, hur mycket pengar som borde spenderas på barnomsorg och omhändertagande av de gamla, vid vilken ålder som folk tillåts dricka alkoholhaltiga drycker, hur mycket arbetsgivare måste betala för sina anställdas pensioner, vad som måste stå på en varuetikett, vad barn måste lära sig i skolan, hur mycket pengar som borde spenderas på utvecklingsbistånd eller på förnybar energi eller på idrottsutbildning eller på orkestrar, hur en barägare måste driva sin bar och huruvida hans gäster tillåts röka, hur ett hus får byggas, hur hög räntan ska vara, hur mycket pengar som måste cirkulera i ekonomin, huruvida banker ska räddas med skattebetalarnas pengar om de riskerar att gå under, vilka som tillåts kalla sig själva för läkare, vem som har rätt att starta ett sjukhus, huruvida folk tillåts att dö då de är trötta på livet, och huruvida nationen skall befinna sig i krig. I en demokrati är det "folket" som förväntas bestämma dessa – och tusentals fler – frågor.

Således är demokrati per definition ett kollektivistiskt system. Det är socialism genom bakdörren. Den grundläggande och bakomliggande idén är att det är önskvärt och korrekt att alla viktiga beslut om samhällets fysiska, sociala och ekonomiska organisation tas av kollektivet, folket. Och folket ger sina representanter i parlamenten – det vill säga staten – befogenhet att ta dessa beslut åt dem. I en demokrati är med andra ord hela samhällets struktur inriktad på staten.

Uppenbarligen är det alltså missvisande att påstå att demokrati på något sätt är mänsklighetens oundvikliga politiska evolutionsklimax. Det är enbart propaganda som syftar till att dölja det faktum att demokratin representerar en väldigt specifik politisk inriktning. Och det finns dessutom absolut gott om rimliga alternativ.

> *Att frihet inte är detsamma som demokrati är inte svårt att se. Beakta detta: bestämmer vi demokratiskt hur mycket pengar alla får spendera på kläder?*

Ett av dessa alternativ kallas frihet. Eller liberalism – i dess klassiska betydelse (vilket har en helt annan mening från det som kallas liberalism i USA). Att frihet inte är detsamma som demokrati är inte svårt att se. Beakta detta: bestämmer vi demokratiskt hur mycket pengar alla får spendera på kläder? Eller vilka affärer vi får gå till? Givetvis inte. Alla bestämmer detta själva. Och detta fria val fungerar alldeles utmärkt. Så varför fungerar det bättre om alla andra saker som påverkar oss

– från vår arbetsplats, sjukvård, och pensioner till våra barer och klubbar – bestäms demokratiskt?

Skulle det i själva verket inte kunna vara så att detta faktum – att vi bestämmer allt demokratiskt, att nästan alla ekonomiska och samhälleliga frågor kontrolleras av eller genom staten – är den underliggande orsaken bakom många av de saker som är fel i dagens samhälle? Att byråkratin, de statliga interventionerna, parasitismen, brottsligheten, korruptionen, arbetslösheten, inflationen, de klena utbildningsrsultaten, et cetera, inte står att finna i en brist på demokrati utan att de snarare är orsakade av demokrati? Att de hör till demokrati på samma sätt som tomma butikshyllor och Trabant-bilar hörde till kommunism?

Det är exakt detta som vi hoppas att visa i denna bok.

Denna bok är indelad i tre delar. I den första delen diskuterar vi vår tro på den parlamentariska demokratiska guden. Precis som alla religioner har demokrati en uppsättning trossatser – dogmer som alla accepterar som självklara sanningar. Vi presenterar dessa som 13 populära myter om demokrati.

I den andra delen beskriver vi det demokratiska systemets praktiska konsekvenser. Vi försöker att visa varför demokrati oundvikligen leder till stagnation och vad som gör det ineffektivt och orättvist.

I det tredje avsnittet beskriver vi ett alternativ till demokrati, nämligen ett politiskt system som baseras på individens självbestämmande, vilket karakteriseras av decentralisering, lokalstyre och mångfald.

Trots vår kritik av det nuvarande nationaldemokratiska systemet är vi optimistiska beträffande framtiden. En orsak till varför många människor är pessimistiska är att de upplever att det nuvarande systemet inte är på väg någonstans, men de kan inte föreställa sig ett attraktivt alternativ. De vet att staten i stor omfattning kontrollerar deras liv men att de inte kan kontrollera staten. Det enda alternativet de kan tänka på är någon form av diktatur, såsom den "kinesiska modellen" eller någon form av nationalism eller fundamentalism.

Men där tar de fel. Demokrati betyder inte frihet. Det är precis lika mycket en form av diktatur – majoritetens och statens diktatur. Inte heller är det samma sak som rättvisa, jämlikhet, solidaritet eller fred.

Demokrati är ett system som infördes för ungefär 150 år sedan i de flesta västerländska länder, av en eller annan orsak, bland annat för att förverkliga socialistiska ideal i liberala samhällen. Oavsett vad orsakerna var då finns det ingen bra orsak att bevara den nationella parlamentariska demokratin. Den fungerar inte längre. Det är dags för ett nytt frihetligt ideal, där produktivitet och solidaritet inte organiseras på grundval av demokratisk diktatur, utan istället är resultat av frivilliga förhållanden mellan folk. Vi hoppas att vi kan övertyga våra läsare att möjligheten att förverkliga ett sådant ideal är långt större än många människor idag kan föreställa sig – och väl värt att kämpa för.

Demokratins baksida – Demokratiska myter

Myt 1 – Varje röst räknas

Detta hör vi alltid i valtider. Påståendet att din röst verkligen räknas. Det är sant – för en på hundra miljoner (om vi talar om det amerikanska presidentvalet). Men om det inflytande du har beträffande processens resultat motsvarar 1 på 100 miljoner, eller 0,00001 procent, har du i praktiken inget inflytande alls. Chansen att din röst avgör vem som vinner valet är astronomiskt liten.

Och det är faktiskt ännu värre, eftersom din röst inte är för en specifik policy eller ett specifikt beslut. Det är en röst på en kandidat eller ett politiskt parti som fattar beslut å dina vägnar. Men du har inget som helst inflytande på vilka beslut som denna person eller detta parti tar! Du kan inte kontrollera dem. I fyra år kan de besluta vad de vill och det finns inget du kan göra åt saken. Du kan bombardera dem med e-post, falla på knä framför dem, eller förbanna dem – men det är de som beslutar.

> *Röstning är en illusion om inflytande i utbyte mot förlust av frihet.*

Varje år tar staten många tusentals beslut. För dem som kan göra vad de vill utan att rådfråga dig har din enda röst överhuvudtaget ingen som helst mätbar inverkan på något beslut.

Din röst är vanligtvis inte ens ett verkligt val. Det är mer en antydan om en vag preferens. Det finns knappast en person eller ett politiskt parti som du håller med om i alla frågor. Anta att du inte vill att dina pengar skall spenderas på utlandsbistånd, eller på kriget i Afghanistan. Du kan då rösta på ett parti som motsätter sig det. Men detta parti kanske också stöder en höjning av pensionsåldern, vilket är något som du råkar motsätta dig.

Efter att ett parti eller en person, som du kanske har röstat på, har valts bryter de dessutom alltför ofta sina vallöften. Vad kan du göra då? Du borde kunna stämma dem för bedrägeri men det kan du inte göra. Det bästa som du kan göra är ett rösta på ett annat parti eller en annan kandidat efter fyra år – med precis lika lite resultat.

Röstning är en illusion om inflytande i utbyte mot förlust av frihet. När Thomas eller Jenny går till valurnorna tror de att de påverkar vilken riktning som landet borde ta, och i en väldigt begränsad omfattning stämmer det. Samtidigt bestämmer 99,9999 procent av väljarkåren vilken riktning som Thomas och Jennys liv borde ta. På detta sätt förlorar de mycket mer kontroll över sina egna liv än de tjänar i inflytande över andras liv. De skulle ha mycket mer "inflytande" om de fick göra sina egna val, till exempel om de fick bestämma själva vad de spenderade sina pengar på utan att först vara tvungna att betala hälften av sin inkomst till staten i form av diverse skatter.

Eller för att ta ett annat exempel: i vårt demokratiska system har folk väldigt lite direkt kontroll över hur deras barn utbildas. Om de vill förändra undervisningsmetoderna och ha mer inflytande än just via röstsedeln måste de gå med i eller starta en lobbygrupp, eller petitionera för politiker, eller organisera protester vid regeringsbyggnader. Det finns föräldraorganisationer som försöker att påverka utbildningspolitiken på detta sätt. Det tar en massa tid och energi och har nästan ingen som helst effekt. Det skulle vara mycket enklare och effektivare om staten inte skulle ha något som helst med utbildning att göra, och lärare, föräldrar, och studenter tilläts fatta sina egna beslut, både individuellt och tillsammans.

Givetvis uppmuntrar den styrande eliten kontinuerligt folk att rösta. De försäkrar alltid att folk, då de röstar, faktiskt har något att säga till om beträffande statens politik. Men det enda som spelar roll för dem är att ett högt valdeltagande ger dem legitimitet, en moralisk rätt att styra över folk.

Många människor tror att det är en moralisk plikt att rösta. Det påstås ofta att om du inte röstar har du ingen rätt att ha något att säga till om i offentliga debatter eller klaga över politiska beslut. Trots allt röstade du ju inte, så din åsikt räknas inte längre. Folk som påstår detta kan uppenbarligen inte föreställa sig att det kan finnas vissa människor i världen som vägrar skriva under på den illusion av inflytande som demokrati innebär. De lider av Stockholmssyndromet. De har börjat älska sina fångvaktare och inser inte att de ger upp sin självständighet för den makt som politiker och administratörer har över dem.

Myt 2 – I en demokrati är det folket som styr

Detta är demokratins grundidé. Det är bokstavligen vad demokrati betyder, folkstyre. Men är det verkligen folket som styr i en demokrati?

Det första problemet är att "folket" inte existerar. Det existerar enbart miljontals individer med lika många åsikter och intressen. Hur kan de regera tillsammans? Det är omöjligt. Som en holländsk komiker sade en gång i tiden: "Demokrati är folkets vilja. Varje morgon blir jag förvånad då jag öppnar morgontidningen och läser vad jag vill".

Låt oss inse att ingen skulle säga något i stil med att "konsumenterna vill ha Microsoft", eller att "folket vill ha Pepsi". Vissa vill det, och andra inte. Samma sak gäller politiska preferenser.

Dessutom är det egentligen inte "folket" som bestämmer i en demokrati, utan "majoriteten" av befolkningen, eller snarare, majoriteten väljare. Minoriteten är tydligen inte en del av "folket". Det verkar lite konstigt. Är inte alla en del av "folket"? Konsumenter på Wal-Mart vill inte få varor från en konkurrerande kedja nerkörda i halsen, men det är så saker och ting fungerar i en demokrati. Om du råkar tillhöra den förlorarsidan i valet måste du ändå dansa efter segrarens pipa.

Låt oss dock anta att majoriteten är samma som folket. Är det då verkligen sant att folket bestämmer? Låt oss undersöka saken närmare. Det finns två typer av demokratier: direkta och indirekta (eller representativa). I en direkt demokrati röstar alla om alla beslut som tas, som vid en folkomröstning. I en indirekt demokrati röstar folk fram andra människor som tar beslut åt dem. Det är uppenbart att folk i det andra fallet har mycket mindre att säga till om än i det första. Nästan alla moderna demokratier är indirekta, även om de emellanåt kastar in en och annan folkomröstning.

För att rättfärdiga det representativa systemet hävdas det att a) det skulle vara opraktiskt att hålla folkomröstningar gällande alla de beslut som regeringen måste ta varje dag och att b) folk inte har tillräckligt med expertis för att klara av att fatta beslut om alla de komplexa frågorna.

Argument a) kanske var rimligt i det förflutna eftersom det var svårt att tillhandahålla alla med den nödvändiga informationen och låta dem komma till tals annat än i väldigt små samhällen. Idag är detta argument inte längre giltigt. Med internet och andra moderna kommunikationsteknologier är det enkelt att låta stora grupper medverka i beslutsprocessen och hålla folkomröstningar. Ändå händer detta nästan aldrig. Varför inte ha en folkomröstning om huruvida USA borde kriga i Afghanistan eller Libyen eller var som helst? För det är ju folket som styr, eller? Varför kan de då inte ta dessa beslut som är så viktiga för deras liv? Självklart är det så att alla vet att det fattas många beslut som majoriteten aldrig skulle stödja om man fick rösta om det. Idén att "folket styr" är helt enkelt en myt.

> *Det är inte "folkets vilja" utan politikers vilja – påhejad av grupper av professionella lobbyister, intressegrupper och aktivister – som råder i en demokrati.*

Men hur står det till med argument b)? Är inte de flesta frågor för komplexa för att röstas om? Knappast. Oavsett om vi har att göra med huruvida en moské får byggas någonstans, vad den lagliga gränsen för att konsumera alkohol borde vara, hur hög minimistraffet för vissa brott borde vara, om vi ska bygga fler eller färre motorvägar, hur hög statsskulden ska vara, om vi borde invadera något annat land, och så vidare – alla dessa är ganska tydliga förslag. Om våra ledare tar demokrati på allvar borde de inte åtminstone låta folket rösta direkt gällande ett antal av dem?

Eller betyder argument b) att folk inte är intelligenta nog att bilda sig rimliga uppfattningar om allehanda samhälleliga och ekonomiska frågor? Om det vore så hur kan man då hävda att de är smarta nog att förstå de olika valprogrammen och rösta på dem? Alla som förespråkar demokrati måste åtminstone anta att folk har tillräckligt vett och kapacitet att förstå språket. Oavsett vilket, varför skulle det nödvändigtvis vara så att de politiker som väljs är smartare än de väljare som väljer dem? Har politiker på något mystiskt sätt fått tillgång till visdomens källa medan väljarna inte har det? Eller har de högre moraliska värderingar än gemene man? Det finns inga bevis för detta.

Demokratiförsvarare försöker kanske argumentera att även om folket inte är dumma så har ingen enskild person tillräckligt med kunskap och intelligens för att fatta beslut gällande alla de komplexa frågor som djupgående påverkar miljontals individers liv. Det är helt klart sant, men detta gäller också för politiker och tjänstemän som fattar beslut i en demokrati. Hur kan de till exempel veta vilken sorts utbildning föräldrar, lärare och studenter vill ha? Eller vilken som är den bästa utbildningen. Alla människor har sina egna önskningar och sina egna synpunkter om vad som är en bra utbildning. Och de flesta av dem är tillräckligt intelligenta för att åtminstone bestämma vad som är bra för dem själva och deras barn. Men detta går stick i stäv med demokratins centraliserade enhetslösningar.

Det verkar alltså som att folket i vår demokrati inte alls styr, och detta är egentligen ingen överraskning. Alla vet att staten regelbundet fattar beslut som de flesta människor motsätter sig. Det är inte "folkets vilja" utan politikers vilja – påhejad av grupper av professionella lobbyister, intressegrupper och aktivister – som råder i en demokrati. Alla de stora oljebolagen, jordbruksbolagen, läkemedelsindustrin, det militärindustriella komplexet och Wall Street vet hur man utnyttjar systemet till sin fördel. En liten elit fattar besluten – ofta bakom kulisserna. Då de inte bryr sig om vad "folket" vill slösar de våra besparingar på krig och biståndsprogram, tillåter en massinvandring som få medborgare vill ha, bygger upp enorma underskott, spionerar på sina medborgare, startar krig som få väljare efterfrågat, spenderar våra pengar på bidrag till speciella intressegrupper, ingår avtal – som EMU eller NAFTA –

som gynnar de oproduktiva på bekostnad av de produktiva. Ville vi alla ha detta demokratiskt eller var det vad våra ledare ville?

Hur många människor skulle frivilligt föra över tusentals dollar till regeringens bankkonto så att soldater kan kriga i deras namn i Afghanistan? Varför frågar de inte ens folket? Är det inte de som styr?

Det påstås ofta att demokrati är ett bra sätt att begränsa ledarnas makt men som vi sett är detta endast ytterligare en myt. Lederna kan göra i stort sett vad de vill!

Vidare sträcker sig politikernas makt mycket längre än deras handlingar i parlamentet och regeringen. Då de kastas ut av väljarna får de ofta lukrativa jobb inom de oräkneliga antal organisationer som existerar i nära symbios med staten – TV-bolag, fackföreningar, bostads- och hyresrättsföreningar, universitet, ideella organisationer (eng. non-government organizations), lobbygrupper, tankesmedjor, och de tusentals rådgivningsfirmor som lever av staten precis på samma sätt som mögel på en rutten trädstam. Med andra ord innebär inte ett regeringsbyte nödvändigtvis en förändring av vem som innehar makten i samhället. Den demokratiska ansvarigheten är mycket mera begränsad än den verkar.

Det är också värt att notera att det särskilt i USA är långt ifrån enkelt att kandidera i val. För att tillåtas ställa upp i de federala valen måste du följa en lagstiftning på över 500 sidor. Reglerna är så komplexa att de inte kan förstås av lekmän.

Men trots allt detta insisterar alltid demokratiförespråkarna att "vi röstade för det" när regeringen inför någon ny lag. Detta innebär att "vi" inte längre har någon rätt att motsätta oss en sådan åtgärd. Men detta argument används sällan konsekvent. Homosexuella använder det för att försvara homosexuellas rättigheter, men de accepterar det inte när ett demokratiskt land förbjuder homosexualitet. Miljöaktivister kräver att de demokratiskt beslutade åtgärderna upprätthålls men tycker samtidigt att de har rätt att utföra illegala protester som de inte håller med andra demokratiska beslut. I dessa fall röstade "vi" tydligen inte för det.

Myt 3 – Majoriteten har rätt

Låt oss för en stund anta, för argumentets skull, att det faktiskt är folket som styr i en demokrati och att varje röst faktiskt räknas. Kommer resultatet av denna process automatiskt att vara rätt eller bra? Trots allt är det väl därför vi har demokrati, eller hur – så att vi kan göra det rätta? Men det är svårt att se varför eller hur den demokratiska processen med nödvändighet leder till goda eller korrekta resultat. Om många människor tror på något betyder det inte att det är sant. Det förflutna innehåller massvis med exempel på kollektiva vanföreställningar. En gång i tiden trodde till exempel folk att djur inte kunde känna smärta eller att jorden var platt eller att kungen eller kejsaren var Guds representant på jorden.

Inte heller blir något moraliskt rätt eller rättvist bara för att många människor stöder det. Tänk på alla de kollektiva brott som har begåtts av folk i det förflutna. Styggelser som slaveri eller judeförföljelsen ansåg folk en gång i tiden vara helt och hållet acceptabla.

I en demokrati står majoritetens vilja över moraliska spörsmål. Kvantitet står över kvalitet – antalet människor som vill något värderas högre än moraliska och rationella argument.

Det är dags att vi inser att folk vanligtvis styrs av egenintresse då de röstar. De röstar på partier som de tror kommer att gynna dem mest. De vet att kostnaderna för de förmåner de får bärs av alla människor. Är detta rättvist eller önskvärt? Den dystra sanningen är att det är mer sannolikt att folk är för demokrati eftersom de hoppas eller förväntar sig tillhöra majoriteten, så att de kan tjäna på att plundra andras välstånd. De hoppas att deras bördor kommer att delas, och att deras förmåner kommer att betalas, av andra. Detta är själva motsatsen till ett moraliskt beteende.

Tycker du att vi överdriver? Om du och dina vänner rånar

33

någon på gatan kommer du att straffas. Om majoriteten antar en lag som går ut på att råna minoriteten (till exempel en ny alkohol- eller cigarettskatt) är det ett demokratiskt beslut och således lagligt. Men vad är egentligen skillnaden mellan detta och gaturånet?

När man tänker närmare på det måste man komma till slutsatsen att demokratins grundläggande mekanism –att majoriteten bestämmer – är fundamentalt omoralisk. I en demokrati står majoritetens vilja över moraliska spörsmål. Kvantitet står över kvalitet – antalet människor som vill något värderas högre än moraliska och rationella argument.

Auberon Herbert, en brittisk politiker och författare på 1800-talet, sade detta om demokratins logik och moral:

"Fem människor befinner sig i ett rum. Eftersom tre av dem tycker på ett sätt och två på ett annat sätt, har de tre då en moralisk rättighet att påtvinga sin åsikt på de två andra? Vilken magisk makt är det som de plötsligt får, som gör att de helt plötsligt äger de båda andras sinnen och kroppar bara för att de råkar vara en mer i antal? Så länge som de var två mot två kan vi anta att varje människa förblev herre över sitt eget sinne och sin egen kropp; men från den stund då en annan människa, vars handlingsmotiv endast Gud vet, ansluter sig till den ena eller andra sidan då har den sidan omedelbart kommit i besittning av den andra sidans sinnen och kroppar. Har det någonsin funnits en sådan förnedrande och oförsvarbar vidskepelse? Är det inte den sanna avkomman till de gamla vidskepelserna beträffande kejsarnas och prästernas auktoritet över människors själar och kroppar?"

Myt 4 – Demokrati är politiskt neutral

Demokrati är förenligt med alla politiska inriktningar. Trots allt bestämmer ju väljarna det styrande partiets, eller de styrande partiernas, politiska inriktning. Således överbryggar systemet i sig alla skillnader i politiken; det är självt varken vänster eller höger, varken socialistiskt eller kapitalistiskt, varken konservativt eller progressivt.

Det är i alla fall så det verkar. Men det är i bästa fall en halvsanning. I verkligheten förkroppsligar demokrati en specifik politisk inriktning.

Demokrati är per definition en kollektivistisk idé, nämligen idén att vi måste bestämma allt tillsammans och sen måste vi alla följa dessa beslut. Detta betyder att nästan allt i en demokrati är offentliga frågor. Denna kollektivisering har inga fundamentala begränsningar. Om majoriteten (eller snarare regeringen) vill något kan den bestämma att alla måste bära en hjälm eller skyddsdräkt när vi går på gatorna eftersom det är säkrare. Eller klä ut oss till clowner eftersom det skulle få folk att skratta. Ingen personlig frihet är helig. Detta lämnar dörren öppen för en allt mer inkräktande politik. Och allt mer inkräktande politik är exakt vad som sker i demokratiska samhällen.

Det är sant att politiska trender kan växla och ofta sker bakslag – till exempel från mer till mindre regleringar och sedan tillbaka – men i det långa loppet har västerländska demokratier stadigt rört sig i riktning mot mer statliga interventioner, större statligt beroende och högre offentliga utgifter.

Detta kanske inte var så synligt under det kalla kriget då västerländska demokratier jämfördes med totalitära stater som Sovjetunionen och Maos Kina, vilket gjorde att de verkade vara relativt fria. På den tiden var det mindre märkbart att även vi blev mer och mer kollektivistiska. Sedan 1990-talet, efter kommunismens kollaps, har det dock blivit uppenbart att våra välfärdsstater har färdats en lång väg i samma riktning. Nu springer nya ekonomier förbi oss, ekonomier som erbjuder mer frihet, lägre skatter och mindre regleringar än våra egna system.

Offentliga utgifter (procent av BNP)

	1870	1913	1920	1937	1960	1980	1990	2000	2005	2009
Österrike	10.5	17	14.7	20.6	35.7	48.1	38.6	52.1	50.2	52.3
Belgien		13.8	22.1	21.8	30.3	58.6	54.8	49.1	52	54
Storbritannien	9.4	12.7	26.2	30	32.2	43	39.9	36.6	40.6	47.2
Kanada			16.7	25	28.6	38.8	46	40.6	39.2	43.8
Frankrike	12.6	17	27.6	29	34.6	46.1	49.8	51.6	53.4	56
Tyskland	10	14.8	25	34.1	32.4	47.9	45.1	45.1	46.8	47.6
Italien	13.7	17.1	30.1	31.1	30.1	42.1	53.4	46.2	48.2	51.9
Japan	8.8	8.3	14.8	25.4	17.5	32	31.3	37.3	34.2	39.7
Nederländerna	9.1	9	13.5	19	33.7	55.8	54.1	44.2	44.8	50
Spanien		11	8.3	13.2	18.8	32.2	42	39.1	38.4	45.8
Sverige	5.7	10.4	10.9	16.5	31	60.1	59.1	52.7	51.8	52.7
Schweiz	16.5	14	17	24.1	17.2	32.8	33.5	33.7	37.3	36.7
USA	7.3	7.5	12.1	19.7	27	31.4	33.3	32.8	36.1	42.2
Medelvärde	10.4	12.7	18.4	23.8	28.4	43.8	44.7	43.2	44.1	47.7

Källa: Economist 17 Mars 2011

Självklart säger många demokratiska politiker att de är för "den fria marknaden". Men deras handlingar visar att så inte är fallet. Ta till exempel det republikanska partiet som ofta anses vara partiet för den fria företagsamheten. De har nästan anammat alla sina vänsterrivalers mest interventionistiska politik – välfärdsstaten, höga skatter, stora statliga utgifter, allmännyttiga bostäder, arbetsmarknadslagar, minimilöner, militära interventioner – och detta utöver partiets egna interventioner såsom subventionerande av banker och storföretag, samt lagar mot offerlösa brott som droganvändning och prostitution. Trots tillfälliga återgångar och perioder av "avregleringar" har statens makt under båda partierna stadigt växt, oavsett hur mycket republikanerna hävdar att de är för fri företagsamhet. Det är ett faktum att de statliga utgifterna under den republikanske, konservative, presidenten Ronald Reagan inte minskade utan steg. Under George W. Bush var det inte bara så att de statliga utgifterna steg – de sköt i höjden. Detta visar att demokrati inte är neutralt utan har en inneboende tendens mot mer kollektivism och statlig makt oavsett vem som för tillfället har makten.

Denna långsiktiga trend kan urskiljas genom att titta på den stadiga ökningen av de statliga utgifterna. Vid 1900-talets början var de statliga utgifterna, beräknat som en procent av BNP, ungefär runt 10 procent i de flesta västerländska demokratier. Nu är de ungefär 50 procent. Detta betyder att under sex av årets tolv månader är folket trälar åt staten.

I friare – och mindre demokratiska – tider var skattebördan mycket mindre än den är idag. England hade i flera århundraden ett system där kungen hade rätt att spendera pengar men inte att höja skatterna, och parlamentet hade rätten att beskatta men inte att spendera pengarna. Som en konsekvens av detta var de inhemska skatterna relativt låga. På 1900-talet då Storbritannien blev mer demokratisk så gick skatterna skarpt upp.

Den amerikanska revolutionen började som en skatterevolt av de amerikanska kolonisterna mot moderlandet Storbritannien. USAs grundare gillade demokrati precis lika mycket som de gillade höga skatter, det vill säga inte alls. Ordet "demokrati" förekommer inte någonstans i Självständighetsförklaringen eller i den amerikanska konstitutionen.

På 1800-talet var skattebördan i USA som mest ett fåtal procent, förutom i krigstider. Inkomstskatten existerade inte och var till och med förbjuden i konstitutionen. Men då USA förvandlades från en decentraliserad federal stat till en nationell parlamentarisk demokrati ökade statens makt stadigt. Således introducerades, till exempel, inkomstskatten 1913 och den amerikanska centralbanken skapades.

Ett annat tydligt exempel står att finna i Code of Federal Regulations (CFR) – som listar alla lagar som upprätthålls av den federala staten. 1925 fick alla lagar plats i en enda bok. 2010 hade den svällt till mer än 200 volymer, och bara indexet självt omfattade mer än 700 sidor. Den innehåller regler för allt möjligt – från hur ett klockarmband borde se ut till hur lökringar borde tillagas i restauranger. Under just

George W. Bushs presidentskap växte den med 1.000 sidor varje år enligt The Economist. Enligt samma tidskrift växte den amerikanska skattelagstiftningen från 1,4 miljoner ord till 3,8 miljoner ord mellan 2001 och 2010.

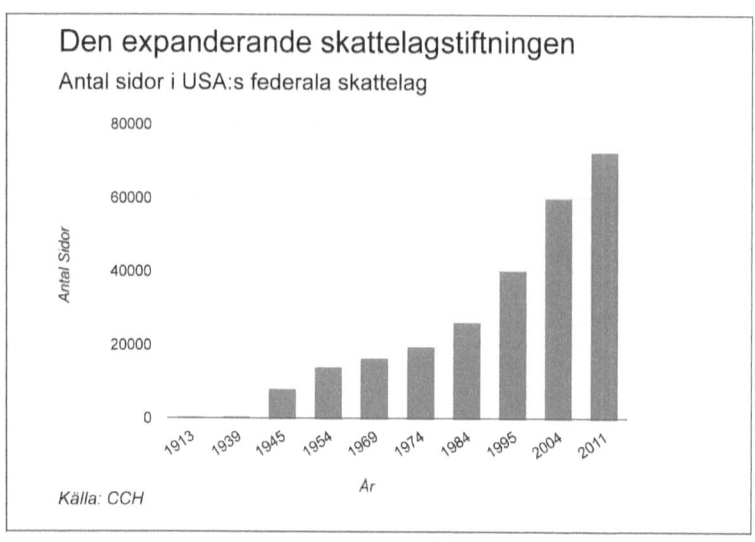

Många nya lagar som föreslås i kongressen är så omfattande att kongressledamöterna inte ens bryr sig om att läsa dem innan de röstar på dem. Kort sagt har demokratin i USA lett till ett otroligt omfattande statligt inkräktande, även om många fortfarande hävdar att USA är "ett fritt land".

I andra västerländska demokratier har en liknande utveckling ägt rum. I Holland, där denna boks författare råkar komma ifrån, var till exempel den totala skattebördan år 1850 14 procent av BNP. Nu ligger den på 55 procent enligt en studie från den holländska centralplaneringsbyrån (eng. Dutch Central Planning Bureau). Enligt en annan studie var de statliga utgifterna, mätt som andel av den nationella inkomsten, 10 procent år 1900 och 52 procent år 2002.

Antalet lagar och regleringar i Holland har även de ökat stadigt. Antalet nedskrivna lagar ökande med 72 procent mellan 1980 och 2004, enligt en studie genomförd av Scientific Research

38

and Documentation Center som tillhör det holländska justitiedepartementet. År 2004 hade Holland totalt 12.000 nedskrivna lagar och regleringar som innehöll mer än 140.000 artiklar.

Ett problem med alla dessa lagar är att de tenderar att förstärka varandra. Med andra ord leder en regel till nya regler. Om du till exempel har ett system med en statligt påtvingad sjukvårdsförsäkring kommer staten att tvinga folk att anta vad som antas vara hälsosamma livsstilar. Trots allt, påstås det, "måste vi alla betala för de ohälsosammas höga sjukvårdskostnader". Det stämmer förvisso, men endast för att staten har tvingat på oss ett kollektiviserat system till att börja med. Denna typ av hälsofascism är typisk för demokratiska länder och har accepterats som ett normalt förhållande av de flesta. De tycker att det är helt normalt att staten bestämmer att de inte borde äta fet mat eller socker, att de inte borde röka, att de alltid borde bära hjälmar och använda säkerhetsbälten, och så vidare. Allt detta är givetvis uppenbara inskränkningar på den personliga friheten.

> *Demokrati är faktiskt väsentligen en totalitär ideologi, dock inte lika extrem som vare sig nazism, fascism eller kommunism.*

Man skulle kunna argumentera att friheten under de senaste åren har gjort framsteg inom ett antal sektorer. I många västerländska länder har privata ("kommersiella") tv-bolag brutit de monopol som de nationella kanalerna haft, affärernas öppettider har utökats, flygtrafiken har avreglerats, telemarknader liberaliserats, och i många länder har värnplikten avskaffats. Men många av dessa bedrifter var tvungna att vridas ur de demokratiska politikernas händer. I många fall kunde dessa förändringar inte stoppas av politiker eftersom de var en konsekvens av den teknologiska utvecklingen (vilket var fallet inom media och telekom) eller av utländsk konkurrens (vilket var fallet då flygtrafiken avreglerades). Dessa utvecklingar kan liknas med kommunismens kollaps inom före detta Sovjetunionen. Det inträffade inte för att makthavarna ville lämna ifrån sig sin makt utan för att de inte hade något val – eftersom systemet var trasigt och inte kunde räddas. På samma sätt måste våra demokratiska politiker regelbundet lämna ifrån sig delar av sin egen makt.

Men våra politiker lyckas vanligtvis återhämta den mark de tappar ganska snabbt. Således håller friheten på internet mer och mer på att bli begränsad av staten. Yttrandefriheten eroderas med hjälp av lagar mot diskriminering. Immaterialrättigheter (patent och copyrights) används för att inskränka på producenters och konsumenters frihet. Marknadsliberaliseringar följs vanligtvis av etablerandet av nya byråkratier vars syfte är att reglera de nya marknaderna. Dessa byråkratiska myndigheter tenderar att bli allt större och introducerar allt mer regler. I Holland liberaliserades energi- och telekombranschen men samtidigt etablerades nya regleringsmyndigheter – sex av dem under de senaste tio åren.

I USA steg kostnaden av federala regleringar, enligt forskare på University of Virginia, med 3 procent från 2003 till 2008, till 1750 miljarder årligen, eller 12 procent av BNP. Efter 2008 svepte våg efter våg av nya regleringar över finansmarknaden, oljeindustrin, matindustrin, och säkerligen många fler företagarsektorer. I Europa lider företag och hushåll inte enbart på grund av sina nationella regeringar utan de lider även under ytterligare regleringslager som kommer från den Europeiska Unionen i Bryssel. Medan "liberalisering" under 1990-talet var inneordet i Bryssel är trenden nu den motsatta mot allt mer (åter-) regleringar.

Kort sagt är demokrati inte politiskt neutral. Systemet är kollektivistiskt av naturen och leder till mer och mer statlig intervention och mindre och mindre personlig frihet, på grund av att människor fortsätter att kräva saker av staten och vill att andra ska bära kostnaderna för detta.

Demokrati är faktiskt väsentligen en totalitär ideologi, dock inte lika extrem som vare sig nazism, fascism eller kommunism. I princip är ingen frihet helgad i en demokrati och varje aspekt av en individs liv kan potentiellt komma under statlig kontroll. I grund och botten är det så att minoriteten är helt och hållet utlämnad åt majoritetens nycker. Även om en demokrati har en konstitution som begränsar statens makt kan även denna konstitution ändras av majoriteten. Den enda grundläggande rättigheten du har i en demokrati, annat än att ställa upp i val, är rätten att rösta på ett politiskt parti. Med denna enskilda röst ger du upp ditt oberoende och din frihet till majoritetens vilja.

Verklig frihet är rätten att välja att inte delta i systemet och rätten att inte tvingas betala för det. Som konsument är du inte fri om du tvingas välja mellan olika teveapparater, oavsett hur många olika märken det rör sig om. Du är endast fri om du även kan välja att inte köpa en teve. I en demokrati måste du köpa det som majoriteten har valt – oavsett om du gillar det eller inte.

Myt 5 – Demokrati leder till välstånd

Många demokratiska länder är rika och därför tror ofta folk att demokrati är nödvändigt för att uppnå välstånd. I själva verket är det tvärtom. Demokrati leder inte till välstånd, det förstör det.

Det är sant att många västerländska demokratier är rika. I andra delar av världen ser du inte samma samband. Singapore, Hong Kong och en mängd Gulf-stater är inte demokratiska men rika. Många länder i Afrika och Latinamerika är demokratiska men inte rika, annat än en liten elit. Västerländska länder är inte rika på grund av demokrati utan snarare trots demokrati. Deras rikedom har att göra med den frihetliga tradition som karakteriserar dessa länder, och som ett resultat av detta har staten ännu inte total kontroll över dessa ekonomier. Men denna tradition försvagas kraftigt av demokrati. Den privata sektorn utarmas kontinuerligt, en process som hotar att förstöra det fantastiska välstånd som har byggts upp i väst under århundraden.

Välstånd skapas överallt där individuella rättigheter är tillräckligt skyddade – speciellt beträffande äganderätt. Uttryckt annorlunda skapas välstånd varhelst människor har möjligheten att äga frukterna av sitt eget arbete. Under sådana omständigheter motiveras människor att arbeta hårt, ta risker, och att använda de tillgängliga resurserna på ett effektivt sätt.

> *Medborgarna uppmuntras att skaffa sig fördelar på andras bekostnad – eller att lägga över sina bördor på andra.*

Å andra sidan, om folk tvingas att ge ifrån sig frukterna av sitt eget arbete till staten – vilket delvis är fallet i en demokrati – då är de mindre motiverade att göra sitt bästa. Vidare kommer staten oundvikligen att använda dess resurser ineffektivt. Trots allt behövde inte (de demokratiska) ledarna arbeta själva för dessa resurser – och de har mål som skiljer sig väldigt mycket från dem som producerade dem.

Hur fungerar detta i en demokrati? Du kan jämföra det med en grupp bestående av tio personer som äter på en restaurang och i förväg bestämmer att dela jämnt på notan. Eftersom 90 procent av notan kommer att betalas av andra är alla motiverade att beställa dyra maträtter vilket de inte hade gjort om de hade varit tvungna att betala notan själv. Och eftersom individuellt sparande bara gynnar spararen med 10 procent har ingen något incitament att vara sparsam. Resultatet är att totalnotan blir mycket dyrare än om alla hade betalat för sig själva.

Inom ekonomi kallas detta fenomen för "allmänningens tragedi". En allmänning är en del land som är kollektivt ägd och som används av flera olika lantbrukare. De lantbrukare som delar en allmänning har ett naturligt incitament att låta sina kor beta så mycket som möjligt (på de andras bekostnad) och har inga incitament att avlägsna sina kor i tid (eftersom landet då skulle betas bart utav de andra lantbrukarnas boskap). Således, eftersom marken ägs av alla och ingen blir resultatet att marken betas mer än den tål.

Demokrati fungerar på samma sätt. Medborgarna uppmuntras att skaffa sig fördelar på andras bekostnad – eller att lägga över sina bördor på andra. Folk röstar på politiska partier som låter andra betala för deras personliga önskemål (gratis utbildning, högre välfärdsförmåner, subventioner för barnavård, mer motorvägar, och så vidare). I fallet med middagen behöver saker och ting inte spåra ur alltför mycket eftersom folk i mindre grupper hålls tillbaka av den sociala kontrollen, men i fallet med miljoner av väljare i en demokrati bryter det samman.

Politiker väljs för att manipulera detta system. De administrerar de "offentliga" tillgångarna. De äger dem inte själva så de behöver inte hushålla med dem. Tvärtom har de alla incitament att spendera så mycket som möjligt så att de kan hyllas för det som de gör och lämna räkningarna till sina efterföljare. Trots allt behöver de göra väljarna nöjda. Det är viktigare för dem än vad som är i landets långsiktiga intresse. Resultatet är ineffektivitet och slöseri.

Politiker är inte enbart starkt benägna att spendera för mycket utan de har också ett incitament att roffa så mycket som möjligt för sig själva medan de fortfarande har kontroll över de "offentliga medlen". För när de inte längre innehar ett ämbete kan de inte längre tillskansa sig rikedom lika enkelt.

Detta system är katastrofalt för ekonomin. Just hur katastrofalt har folk ännu inte insett till fullo. Notan för den demokratiska köplustan som våra regeringar sysslat med återstår till största del fortfarande att betalas.

De enorma statsskulderna är ett resultat av de enorma budgetunderskotten som – inte oväntat – nästan alla demokratiska länder lider av. I USA har man förlorat så mycket kontroll över den demokratiska måltiden att statsskulden nu uppgår till mer än 14.000 miljarder dollar, ungefär 50.000 dollar per capita. I de flesta europeiska länder är situationen densamma. Den holländska statsskulden steg till 380 miljarder euros vid slutet av 2010, eller nästan 25.000 euros per capita. Dessa skulder måste betalas tillbaka någon gång, av skattebetalarna, som redan hostar upp en massa pengar enbart för att betala räntan på skulden. I Holland var räntan på statsskulden ungefär 22 miljarder 2009, vilket är mer än det som spenderades på försvar och infrastruktur. Detta rena slöseri med pengar är ett resultat av det tidigare slöseriet med skattebetalarnas pengar i det förflutna.

Men det är ännu värre. Våra demokratiska politiker samlar inte bara in skatter som de sedan slösar bort, de har också lyckats ta kontroll över vårt finansiella system – våra pengar. Genom centralbanker som Federal Reserve och den Europeiska Centralbanken bestämmer våra regeringar vad som utgör pengar ("lagliga betalningsmedel"), hur mycket pengar som skapas och injiceras i ekonomin och hur hög räntan är.

Samtidigt har de kapat den länk som brukade finnas mellan papperspengar och underliggande värden, så som guld. Hela vårt finansiella system – inklusive alla våra sparpengar och pensionsfonder, alla de pengar vi tror att vi äger – baseras på fiatpengar som ges ut av staten.

De fördelar som våra regeringar får av detta system är uppenbara. De har en "penningkran" som de kan sätta igång så fort de vill. Ingen absolut monark i det förflutna har någonsin ägt något liknande! Demokratiska ledare kan helt enkelt "blåsa upp" ekonomin (och fylla sina egna skattkistor) om de vill öka sin popularitet. De gör detta genom centralbanken, som i sin tur använder privata banker för penningskapandeprocessen. System har skapats på ett sådant sätt att privata banker får ett speciellt tillstånd att låna ut en multipel av pengarna som deras klienter deponerar (fractional reserve banking). Således injiceras mer papperspengar, eller elektroniska pengar, i ekonomin genom diverse trick.

Detta har ett flertal negativa konsekvenser. Till att börja med minskar pengars värde. Denna process har reda pågått ett århundrade. Dollarn har förlorat 95 procent av sitt värde sedan det amerikanska centralbankssystemet skapades 1913. Det är därför vi medborgare märker att produkter och tjänster blir dyrare och dyrare. På en verkligt fri marknad har priser en tendens att kontinuerligt sjunka som ett resultat av produktivitetsförbättringar och konkurrens. Men i vårt statligt manipulerade system där penningmängden konstant ökar går priserna upp hela tiden. Vissa människor gynnas av detta (det vill säga de som har stora skulder, som staten själv), andra får det sämre, som de som lever på en fast pension eller har sparade pengar.

Den andra konsekvensen är att alla de nya pengarna som blåser upp ekonomin ger bränsle åt den ena konstgjorda boomen efter den andra. Således hade vi en fastighetsboom, en råvaruboom, en aktiemarknadsboom. Men alla dessa mirakel består av varm luft – alla dessa uppgångar visar sig vara bubblor som spricker förr eller senare. De uppstod enbart eftersom marknaderna överflödades med billiga krediter och alla aktörer kunde dra på sig stora skulder. Men sådana festligheter kan inte fortsätta för evigt. När det blir uppenbart att skulderna inte kan återbetalas exploderar bubblan. Det är på detta sätt som lågkonjunkturer uppkommer.

Myndigheterna svarar vanligtvis på dessa lågkonjunkturer på det sätt vi har kommit att förvänta oss att demokratiska politiker ska göra, nämligen genom att skapa ännu mer artificiella pengar och blåsa in ännu större mängder i ekonomin (hela tiden ges givetvis den "fria marknaden" eller "spekulanter" skulden för de kriser som uppstår). De gör detta eftersom väljarna förväntar sig det från dem. Väljarna vill att festen ska fortsätta så långt som möjligt – och politikerna uppfyller vanligtvis deras önskningar eftersom de vill bli återvalda. Den amerikanske författaren och politikern Benjamin Franklin såg detta problem redan på 1700-talet. Han skrev "När folket upptäcker att de kan rösta till sig pengar kommer detta att innebära republikens slut".

Att använda sig av tryckpressen ger vanligtvis en viss tröst – men det är alltid tillfälligt. Just nu verkar vi ha nått en punkt där inga nya bubblor kan skapas utan att hela systemet förstörs helt och hållet. Myndigheterna vet inte längre vad de ska göra. Om de fortsätter att skapa pengar finns risken att de skapar en hyperinflation, som i 1920-talets Tyskland eller mer nyligen i Zimbabwe. Samtidigt vågar de inte sluta blåsa upp ekonomin, eftersom detta skulle kasta in ekonomin i en lågkonjunktur och det gillar inte väljarna. Kort sagt verkar systemet var låst. Staterna kan inte längre upprätthålla den illusion som de har skapat men de kan heller inte överge den.

Så vi ser att demokrati inte leder till välstånd utan till konstant inflation och lågkonjunktur, och den instabilitet som dessa för med sig. Vad är alternativet? Lösningen på den demokratiska köplustan är att återställa respekten för privat egendom. Om alla lantbrukare ägde sin egen bit land skulle de vara måna om att ingen överbetning skedde. Om alla medborgare fick behålla frukten av sitt eget arbete skulle de säkerställa att inga resurser slösades.

Detta betyder också att det finansiella systemet måste ryckas ur politikernas händer. Det monetära systemet, precis som alla andra ekonomiska aktiviteter, borde åter bli en del av den fria marknaden. Alla borde kunna ge ut sina egna pengar eller acceptera dem i vilken form de än vill. Den fria marknadsmekanismen kommer att säkerställa att inga fler bubblor skapas – i alla fall inte lika stora som vi har haft då staten har manipulerat vårt finansiella system.

För många människor kanske ett sådant fritt monetärt system låter skrämmande. Men historiskt var det en regel snarare än ett undantag. Och det kanske hjälper att komma ihåg att våra rikedomar – det fantastiska välstånd vi just nu avnjuter – i slutändan inte består av något annat än de fysiska varor och tjänster som vi producerar och har producerat tillsammans i egenskap av produktiva medborgare. Varken mer eller mindre. Alla trick och synvillor som våra demokratiska regeringar tar sig till med kan inte ändra detta faktum.

Myt 6 – Demokrati är nödvändigt för att säkerställa en rättvis fördelning av välståndet och hjälpa de fattiga

Men är inte demokrati nödvändigt för att säkerställa en rättvis fördelning av välstånd? Politiker talar förstås ofta om solidaritet och rättvis fördelning, men hur rättvisa är egentligen deras planer? Till att börja med måste välstånd först produceras innan det kan distribueras. Statliga subventioner och tjänster är inte gratis, även om många verkar tro det. Ungefär hälften av allt som produktiva människor tjänar tas av staten och omfördelas.

Men låt oss anta att staten borde omfördela välstånd bland medborgarna; då återstår ändå frågan om det demokratiska systemet leder till en rättvis distribution. Går pengarna till de som verkligen behöver dem? Även om så är fallet går de flesta subventioner till intressegrupper. För att ge bara ett exempel går 40 procent av EU-budgeten till jordbruksindustrin.

Lobbygrupper för en evig kamp för subventioner, privilegier och jobb. Alla vill äta vid tråget där de "offentliga" medlen deponeras. I detta system uppmuntras parasitism, favoritism och beroende, och individuellt ansvar och självtillit motverkas. Låt oss nämna några av grupperna som gynnas av detta arrangemang, även om de knappast är fattiga eller missgynnade: banker, biståndsorgan, stora företag, lantbrukare, offentliga mediebolag, miljöorganisationer, kulturella institutioner. Dessa lyckas få miljarder i subventioner eftersom de har direkt tillgång till makten. De största nettomottagarna är givetvis de offentliga tjänstemännen som styr systemet. De säkerställer att de är oumbärliga och ser till att de själva får rejäla lönekuvert.

Intressegrupperna gynnas inte enbart av statlig frikostighet – de vet också hur man får inflytande över lagstiftning som gynnar dem på bekostnad av resten av samhället. Det finns oräkneliga exempel på detta. Ta exempelvis importrestriktioner och kvoter som gynnar jordbrukssektorn men höjer matpriserna. Eller fackförbund som tillsammans med politiker håller minimilönerna höga vilket minskar konkurrensen på arbetsmarknaden. Detta sker på de lägst utbildades bekostnad, de som inte kan skaffa sig ett jobb eftersom det kostar för mycket för företagen att anställa dem.

Ett annat exempel är licenslagar, ett smart sätt att stänga ute ovälkomna konkurrenter. Farmaceuter använder licenslagar för att blockera konkurrens från apotek och företag på internet. Läkarkåren blockerar konkurrens från "olicensierade" vårdgivare.

> *Lobbygrupper för en evig kamp för subventioner, privilegier och jobb. Alla vill äta vid tråget där de "offentliga" medlen deponeras.*

Ett relaterat exempel är systemet med statligt beviljade patent och copyright som används av existerande företag – till exempel läkemedelsindustrin och nöjesindustrin – för att hålla nykomlingar borta.

Men skulle inte väljarna kunna revoltera mot de särskilda fördelar som lobbygrupper får? Teoretiskt sett är det givetvis möjligt. I praktiken händer det sällan, eftersom fördelarna som intressegrupperna åtnjuter vida överstiger kostnaden för individuella samhällsmedlemmar. Om exempelvis ett kilo socker görs 50 öre dyrare på grund av importtullar kan detta vara väldigt lukrativt för sockerproducenterna (och staten), men för individuella konsumenter är det inte värt att protestera mot. Intressegrupper är därför väldigt motiverade att behålla dessa fördelar medan den stora gruppen väljare inte orkar bry sig.

De flesta människor är förmodligen inte ens medvetna om att dessa fördelaktiga överenskommelser existerar. Likväl resulterar alla sådana system i betydande kostnader – och således en lägre levnadsstandard – för alla oss som inte har lobbyister som jobbar åt oss i Bryssel eller någon annan huvudstad.

49

Demokratisk politik förfaller således till en omfördelningsmaskin där de mest inflytelserika och bäst organiserade klubbarna tjänar på alla andras bekostnad. Och självfallet fungerar systemet åt båda hållen i den meningen att lobbygrupperna återbetalar de tjänster de får genom att sponsra politiska kampanjer.

I exempelvis Holland, som kan anses vara en typisk, europeisk, demokratisk välfärdsstat, publicerade Samhälls- och Kulturplaneringsbyrån (eng. Social and Cultural Planning Bureau) en rapport i augusti 2011 som kom fram till att medelinkomsttagare tjänade mindre på statliga förmåner än både låg- och höginkomsttagare. Faktum är att de med allra högst inkomst tjänade mest från statsförmånerna! Denna forskning gällde enbart år 2007, men det finns inget skäl att tro att resultatet skulle vara annorlunda något annat år. Högre inkomstgrupper i Holland tjänar speciellt på de bidrag som ges till högre utbildning, barnomsorg och konst.

Många människor oroar sig över att fattiga inte skulle ha råd med utbildning, sjukvård, kollektivtrafik, bostäder, och så vidare om det lämnades åt "de fria marknadskrafterna". Men den fria marknaden gör faktiskt ett rätt bra jobb i att tillfredsställa de fattigas behov. Ta stormarknader till exempel, som ger oss vår allra nödvändigaste vara för att överleva: mat. De tillhandahåller högkvalitativa produkter till låga priser med en mängd valmöjligheter. Genom innovation och konkurrens har den fria marknaden gjort det möjligt för låginkomsttagare, liksom vanliga arbetare och studenter, att ha råd med varor som bilar, datorer, mobiltelefoner och flygresor som tidigare endast de rika hade råd med. Om äldrevårdsomsorg organiserades precis som stormarknader, utan statliga interventioner, skulle vi då inte se samma resultat? De äldre och deras släktingar skulle kunna välja vilka tjänster de behövde och till vilket pris. De skulle ha mycket större kontroll över vilken vård de får och vad de betalar för den.

Skulle inte kvaliteten bli lidande om staten inte längre lade sig i skola, vård och omsorg? Tvärtom. Hur skulle mataffärernas kvalitet vara om de organiserades som offentliga skolor? Du kan helt enkelt inte förvänta dig att ett gäng "specialister" i huvudstaden på ett effektivt sätt kan hantera stora och komplexa sektorer, såsom utbildning och sjukvård. Med sina oändliga reformer, påbud, kommittéer, utredningar, lagförslag, direktiv, riktlinjer, och nedskärningar producerar de i slutänden ingenting annat än mer byråkrati.

De verkliga experterna hittar man i skolorna och på sjukhusen. De vet mest av alla om sitt expertområde och är de som bäst kan organisera sina institutioner effektivt. Och om de inte gör det på ett bra sätt kommer de helt enkelt inte överleva på en fri marknad. Av denna orsak kommer kvaliteten på utbildningen och sjukvården att förbättras istället för att försämras om de statliga interventionerna försvinner. Byråkrati, kölistor och överfulla klassrum skulle försvinna, precis på samma sätt som det idag finns väldigt få smutsiga mataffärer med dålig mat, eller optiker med kölistor på ett halvår. De skulle helt enkelt inte överleva.

Självklart finns det alltid människor som är inkapabla att ta hand om sig själva. Dessa behöver hjälp. Men det är inte nödvändigt med vårt demokratiska systems massiva omfördelningsmaskin för att hjälpa dem. Det kan istället göras av privata välgörenhetsorganisationer – eller egentligen vem som helst som vill ge en hjälpande hand. Antagandet att vi behöver demokrati för att hjälpa de fattiga och missgynnade är en rökridå för egennyttan hos de människor som tjänar på omfördelningsmaskinen.

51

Myt 7 - Demokrati är nödvändigt för att kunna leva tillsammans i harmoni

Folk tror ofta att konflikter kan undvikas genom att beslut fattas demokratiskt, eftersom det påstås att om alla bara skulle följa sina egna ingivelser skulle man ju inte kunna leva tillsammans i fred.

Detta stämmer kanske när en grupp människor måste bestämma om de vill gå på bio eller till stranden. Men de flesta frågor behöver inte beslutas demokratiskt. Faktum är att demokratiskt beslutsfattande oftare skapar, snarare än undviker, konflikter, på grund av att i en demokrati så görs alla möjliga personliga och samhälleliga frågor till kollektiva problem. Genom att tvinga folk att lyda de demokratiska besluten leder demokrati till att relationerna mellan folk blir antagonistiska, inte harmoniska.

> *Anta att vi demokratiskt beslutade hur mycket och vilken sorts bröd som bakades varje dag? Detta skulle leda till en oändlig lobbyverksamhet och kampanjande, och eviga tvister, möten och protester.*

Till exempel beslutas det "demokratiskt" vad barn måste lära sig i skolan, hur mycket pengar som ska spenderas på äldreomsorg, hur högt biståndet ska vara, huruvida rökning på krogar ska tillåtas, vilka tevekanaler som får bidrag, vilka medicinska behandlingar man har rätt till, hur höga hyrorna borde vara, huruvida kvinnor ska tillåtas bära slöjor och huvuddukar, vilka droger som folk tillåts ta, och så vidare. Alla dessa beslut skapar konflikter och spänningar. Dessa konflikter kan på ett enkelt sätt undvikas, genom att låta folk fatta sina egna beslut och ta ansvar för konsekvenserna.

Anta att vi demokratiskt beslutade hur mycket och vilken sorts bröd som bakades varje dag? Detta skulle leda till en oändlig lobbyverksamhet och kampanjande, och eviga tvister, möten och protester. De som stödjer vitt bröd skulle se på de som förespråkade fullkornsbröd som sina politiska fiender. Om "fullkornarna" lyckas uppnå en majoritet kommer alla brödsubventioner att gå till fullkornsbröd, och det vita brödet kanske till och med förbjuds. Och vice versa, så klart.

Demokrati är som en buss full av människor som tillsammans måste besluta var föraren skall köra. De progressiva röstar för San Francisco, de konservativa föredrar Dallas, libertarianerna vill åka till Las Vegas, de gröna vill åka till Woodstock och resten vill åka till tusentals olika platser. Till slut kommer bussen fram till en plats dit nästan ingen ville. Även om föraren inte har något som helst egenintresse och noggrant lyssnar till vad hans passagerare vill kan han aldrig tillfredsställa alla deras önskemål. Han har endast en buss och det finns nästan lika många önskningar som det finns passagerare.

Detta är också orsaken till varför politiska nykomlingar som i början hyllas som frälsare i slutändan alltid gör folk missnöjda. Ingen politiker kan uppnå det omöjliga. "Ja, vi kan!" slutar alltid med "Nej, det kan vi inte". Inte ens den visaste personen i världen kan uppfylla motsägelsefulla önskemål.

Det är ingen slump att många politiska diskussioner mellan folk ofta är så känslomässiga. Faktum är att många människor föredrar att inte tala om politik när de umgås socialt. Detta på grund av att de vanligtvis har olika uppfattningar om "hur man bör leva", och i en demokrati måste dessa uppfattningar på något sätt förenas.

Lösningen på bussproblemet ovan är enkelt. Låt folk själva få bestämma vart de vill åka och med vilka. Låt folk själva få bestämma hur de vill leva sina liv, låt dem lösa sina egna problem, bilda sina egna grupper. Låt dem besluta själva vad de vill göra med sina kroppar, sinnen och pengar. Många av våra politiska "problem" skulle då magiskt försvinna.

Men i en demokrati händer själva motsatsen. Systemet uppmuntrar folk att förvandla sina individuella preferenser till kollektiva mål som alla måste följa. Det uppmuntrar dem som vill åka till plats Z till att försöka tvinga andra i samma riktning. En särskilt olycklig konsekvens av det demokratiska systemet är att det får folk att bilda grupper som av nödvändighet kommer att komma i konflikt med andra grupper, eftersom det endast är när du är en del av en tillräckligt stor grupp (eller röstgrupp) som det finns en chans att dina idéer kan förvandlas till lag. Således vänds de gamla mot de unga, jordbrukare mot stadsfolk, invandrare mot medborgare, kristna mot muslimer, troende mot ateister, arbetsgivare mot arbetstagare, och så vidare. Ju större skillnader mellan folk desto sämre kommer relationerna att vara. När en grupp anser att homosexualitet är en synd och en annan skriker efter mer homosexuella förebilder i skolorna och i läromedlen kommer de oundvikligen att hamna i konflikt med varandra.

De flesta håller med om att den religionsfrihet som utvecklades för några århundraden sedan var en bra idé som minskade de sociala spänningarna mellan religiösa grupper. Katoliker kunde inte längre bestämma över protestanters liv, och vice versa. Men idag verkar få människor vara kapabla att förstå att spänningar uppstår när arbetstagare, genom vårt demokratiska system, kan bestämma hur arbetsgivare borde driva sina företag, när de unga tvingas betala för de gamlas pensioner, när banker kan få skattebetalare att betala för dåliga investeringar, när hälsofanatiker kan tvinga sina idéer på folk, och så vidare.

Dessutom hjälper det om du lyckas framställa din grupp som svag, missgynnad, eller diskriminerad. Det ger dig ett extra argument som du kan använda dig av för att få statliga bidrag, och det ger staten ett argument som den kan använda för att rättfärdiga sin existens och dela ut bidragen i den "sociala rättvisans" namn.

Som den amerikanska författaren H. L. Mencken sa, "Det som människor värderar i denna värld är inte rättigheter utan privilegier". Detta gäller för många grupper i samhället och är ganska uppenbart i en demokrati. Där en gång i tiden kvinnor, svarta och homosexuella slogs för frihet och lika rättigheter kräver deras moderna representanter oftare privilegier som kvotering, positiv särbehandling, och anti-diskrimineringslagar som begränsar yttrandefriheten. De kallar detta för rättigheter men eftersom dessa rättigheter endast gäller särskilda grupper är de i själva verket privilegier. Verkliga rättigheter, som yttrandefrihet, gäller alla. Privilegier kan endast gälla för särskilda grupper. De baseras på våld, eftersom de endast kan ges genom att andra tvingas betala för dem.

> *Påtvingad solidaritet är motsägelsefullt. För att solidaritet ska vara på riktigt måste det vara frivilligt.*

En annan taktik för att få fördelar och privilegier genom det demokratiska systemet är genom att presentera det du kämpar för som nödvändigt för att rädda samhället från någon sorts katastrof. Om vi inte räddar klimatet, eller Euron, eller bankerna, kommer samhället att kollapsa, det kommer att bli kaos, och miljontals kommer att lida. H. L. Mencken såg även igenom detta och skrev att "uppmaningen att rädda mänskligheten är nästan alltid en falsk fasad för målet att regera över den."

Notera att folk i en demokrati inte behöver backa upp det de säger med sina egna pengar. De kan försvara olaglig invandring om de råkar leva på en plats där de inte störs av den. De kan rösta för subventioner till orkestrar eller muséer som de själva inte skulle betala dyra biljetter för att besöka, fullt medvetna om att subventionskostnaderna kommer att bäras av andra.

Sådana människor uppvisar ofta en sorts moralisk överlägsenhet. "Vi vill inte utsätta konsten för marknadskrafterna", utropar förespråkaren av konstsubventioner. Vad han egentligen menar är att han inte vill att detta ska ske, och han tycker att resten av samhället måste betala för hans preferenser.

"Vi" är det mest missbrukade ordet i en demokrati. Förespråkare för en särskild sak säger alltid "vi vill något", "vi måste göra något", "vi behöver något", "vi har rättigheter". Som om alla naturligt håller med. Vad de egentligen menar är att de vill något, men de vill inte själva ta ansvaret för det. Folk kommer att säga att "vi måste hjälpa den tredje världen", eller "vi måste kriga i Afghanistan". De säger aldrig "jag kommer att hjälpa den tredje världen, är det någon som vill hjälpa till?", eller "jag kommer att kriga mot talibanerna". Demokrati erbjuder således ett bekvämt sätt att flytta sitt personliga ansvar till andra. När man säger "vi" istället för "jag" bärs 99,999 procent av bördan av andra.

Och politiska partier tillgodoser mer än gärna detta. De lovar (explicit eller implicit) sin väljarkår att bördan av deras önskemål kommer att bäras av resten av folket. Således säger vänstern "rösta på oss, för vi kommer att ta pengar från de rika och ge till dig". Högern säger till folk, "rösta på oss, för vi kommer att finansiera kriget i Afghanistan med pengar som vi tar från folk som motsätter sig det". Alla säger de till bönderna "rösta på oss, så ser vi till att dina jordbrukssubventioner kommer att betalas av icke-bönder".

Är detta ett system grundat på god vilja och solidaritet, eller ett antisocialt och parasitiskt system?

Demokratins påstådda solidaritet är i grund och botten baserad på våld. Men påtvingad solidaritet är motsägelsefullt. För att solidaritet ska vara på riktigt måste det vara frivilligt. Du kan inte säga att någon som blir rånad på gatan visar solidaritet med rånaren, oavsett hur ädla rånarens motiv är.

Faktum är att de som använder det demokratiska system för att påtvinga solidaritet kan göra detta eftersom de inte behöver betala för det själva. Notera att de aldrig förespråkar att en liknande omfördelning av välstånd bör utföras på en global nivå. Om det är rätt att dela med sig med de mindre lyckligt lottade, varför inte utöka välfärdsprogrammet till hela världen? Varför inte skapa social rättvisa globalt? Uppenbarligen förstår de västliga omfördelningsförespråkarna att en global omfördelning skulle minska deras inkomst till ett par tusentals dollar om året. Men givetvis har de inget emot att "dela rättvist" med rikare människor.

Om du vill ge bort dina pengar krävs det inte att majoriteten stödjer detta. Det räcker med frihet. Du är fri att öppna upp din plånbok och ge hur mycket du vill. Du kan donera till en välgörenhetsorganisation eller möta likasinnade människor och ge tillsammans. Det finns inget som rättfärdigar att du tvingar alla andra att göra samma sak.

Myt 8 - Demokrati är oumbärligt för en gemensamhetskänsla

I en demokrati leder alltså varje åsiktsskillnad till en kamp om makt och resurser, där en grupp vinner på den andras bekostnad. Alla kräver saker från staten och staten tvingar andra människor att möta dessa krav. Det kan knappast vara på något annat sätt, eftersom staten inte är något annat än ett maktinstrument baserat på våld.

Resultatet av detta system är att folk blir bortskämda och kräver allt mer av de styrande. Får de inte som de vill klagar de. Samtidigt har de inget annat val än att delta i systemet eftersom om de inte gör det kommer de att bli utpressade av resten av befolkningen. På detta sätt förstör systemet folks självtillit – deras förmåga att ta hand om sig själva. Det förstör också samtidigt folks vilja att frivilligt hjälpa andra, eftersom de redan tvingas "hjälpa" andra.

> *En demokrati är en organisation vars medlemskap är obligatoriskt. En äkta gemenskap kan så klart mycket väl ha "demokratiska regler".*

Folks mentalitet har vid det här laget blivit så "demokratiserad" att de inte längre ens inser hur anti-sociala deras handlingar och idéer faktiskt är. Nuförtiden försöker alla som vill starta en sportklubb, anordna en kulturfest, ett daghem, en miljögrupp, et cetera, att få någon sorts statsbidrag. Med andra ord vill de att andra ska betala för deras hobby. Det är så klart inte särskilt konstigt, eftersom om du inte spelar med måste du betala för andras fritidsaktiviteter och du får inte ut något av det. Detta system har dock väldigt lite att göra med den gemensamhetskänsla som folk tenderar att förknippa med demokrati. Det handlar mer om den starkes överlevnad i kampen om den beslagtagna skatten.

Ludwig Erhard, före detta tysk kansler och arkitekten bakom Tysklands ekonomiska mirakel under efterkrigstiden, erkände att demokratin hade detta problem. "Hur kan vi fortsätta att säkerställa framsteg om vi allt mer antar en livsstil där ingen är villig att ta ansvar för sina egna handlingar och där alla söker säkerhet i kollektivism?" undrade han. "Om detta vanvett fortsätter kommer vårt samhälle att förfalla till ett samhällssystem där alla har sin hand i alla andras fickor".

Men man kan ändå ställa sig själv frågan om vi inte skulle förlora vår nationella samhörighetskänsla om vi slutade bestämma allt "tillsammans". Det är onekligen så att ett land, i en viss bemärkelse, är en gemenskap. Det är inget fel med det – det kan till och med vara en bra sak. De flesta människor är trots allt inte enstöringar. De behöver kamratskap och de behöver också varandra av ekonomiska orsaker.

Men frågan är om demokrati är nödvändigt för denna samhörighetskänsla. Det är svårt att se varför det skulle vara fallet. När man talar om en gemenskap talar man om mer än ett politiskt system. Folk delar sitt språk, kultur och historia med varandra. Varje land har sina nationella hjältar, kändisar och sportstjärnor, men också sin egen litteratur, kulturella värden, arbetsetik och livsstil. Inget av detta är knutet till det demokratiska systemet. Det existerade innan demokratin och det finns ingen orsak till att tro att det inte kan fortsätta att existera utan demokrati.

Samtidigt finns det inget land som har en rakt igenom enhetlig kultur. Inom varje land finns det stora skillnader mellan folk. Det finns många regionala och etniska samhällen med starka gemensamma band. Och det är inget fel i det heller. Inom det fria samhällets ramverk kan alla dessa samhälleliga strukturer och åtaganden samexistera. Det viktigaste att notera beträffande dem är att de är frivilliga. Det påtvingas inte av staten och det kan de inte heller bli, eftersom kulturer och samhällen är organiska enheter. Man kan inte upprätthålla dem med statligt våld och de har väldigt lite att göra med politiska val.

Skillnaden mellan dessa samhällen och demokrati är att en demokrati är en organisation vars medlemskap är obligatoriskt. En äkta gemenskap kan så klart mycket väl ha "demokratiska regler". Medlemmarna i en tennisklubb kan rösta vem deras ordförande ska vara, hur höga deras medlemskapsavgifter ska vara, och så vidare. Det är inget konstigt med det. Det är en fri sammanslutning och folk kan välja om de vill vara med eller inte. Om de inte gillar hur klubben styrs kan de gå med i en annan klubb eller starta en egen. Klubbens frivilliga natur försäkrar att den tenderar att styras på ett bra sätt. Om till exempel styrelsen skulle syssla med favoritism skulle många medlemmar sluta. Men i vårt demokratiska system har du inte valet att lämna klubben. Demokrati är obligatoriskt.

Ibland säger folk "Antingen älskar du det eller så lämnar du det" när de talar om sitt land. Men det implicerar att landet skulle tillhöra staten, kollektivet, och att alla som råkar födas där per definition är statens undersåtar. Även om folk aldrig någonsin gavs något val.

Om någon i Sicilien utpressas av maffian är det ingen som säger, "antingen älskar du det eller så lämnar du det". Om ett land sätter homosexuella i fängelse säger inte folk, "De har ingen rätt att klaga. De borde ha flyttat om de inte gillade reglerna". Precis som maffian inte är Siciliens rättfärdiga ägare ägs inte USA av den amerikanska staten eller ens majoriteten. Varje människa äger sitt eget liv och borde inte tvingas till att göra det som majoriteten vill. Folk har rätt att göra vad som helst med sina liv så länge de inte skadar andra genom våld, stöld eller bedrägeri, men denna rätt förnekas folket i våra parlamentariska nationaldemokratier.

Myt 9 - Demokrati innebär frihet och tolerans

En av de mest långlivade demokratiska myterna är att demokrati är samma sak som "frihet". För många människor hör "frihet och demokrati" ihop som stjärnorna och månen. Men faktum är att frihet och demokrati är varandras motsatser. I en demokrati måste alla underkasta sig statens beslut. Det faktum att regeringen väljs av majoriteten är irrelevant. Tvång är tvång, oavsett om det utförs av majoriteten eller en enstaka härskare.

I vår demokrati kan ingen fly undan de beslut som staten tar. Om du inte lyder kommer du att bötfällas, och om du vägrar att betala böterna kommer du i slutändan att hamna i fängelse. Så enkelt är det. Testa att inte betala dina trafikböter. Eller ännu värre, testa att inte betala din skatt. Det existerar ingen principiell skillnad mellan demokrati och diktatur. För någon som Aristoteles som levde i en tid då demokrati inte hade hunnit bli helgonförklarat var detta uppenbart. Han skrev, "Obegränsad demokrati är, precis som oligarki, ett tyranni spritt över ett stort antal människor".

Frihet betyder att du inte tvingas göra det som majoriteten vill att du ska göra, utan du kan bestämma själv. Som ekonomen John T. Wenders sa en gång i tiden, "Frihet och demokrati är inte samma sak. Frihet kan inte mätas av möjligheten att rösta. Den kan mätas av de saker vi inte röstar om".

Men i en demokrati är de saker vi inte röstar om väldigt få. Vår demokrati har inte givit oss frihet utan motsatsen. Staten har stiftat oräkneliga lagar som gör många frivilliga samhällsinteraktioner och relationer omöjliga. Hyresgäster och hyresvärdar är inte fria att ingå vilka kontrakt som de vill, arbetsgivare och arbetstagare kan inte komma överens om vilka löner eller arbetsvillkor de vill, doktorer och patienter kan inte fritt bestämma vilka behandlingar eller vilken medicin de får använda, skolor är inte fria att lära ut vad de vill, medborgare får inte "diskriminera", företag får inte anställa vem som helst, folk är inte fria att arbeta med vad de vill, i många länder måste politiska partier bana väg för kvinnliga kandidater, utbildningsinstitutioner påtvingas raskvoter, och listan fortsätter. Inget av detta har något som helst att göra med frihet. Varför tillåts inte folk komma överrens om vad som helst? Varför tillåts andra ha något att säga till om i överenskommelser som de inte är en del av?

Lagar som hindrar folks frihet att ingå i frivilliga avtal kanske gynnar vissa grupper men de skadar oundvikligen andra. Lagar om minimilöner gynnar vissa arbetare, men de skadar de som är mindre produktiva än minimilönen. Dessa människor blir för dyra att anställa och lämnas därför arbetslösa.

På samma sätt gynnar lagar som hindrar folk att avskedas vissa människor medan de avskräcker arbetsgivare från att anställa nya människor. Ju striktare arbetslagarna är desto större anledning har arbetsgivarna att frukta att de fastnar med folk som de inte kan bli av med när så krävs. Resultatet blir att de anlitar så lite folk som möjligt, även i bra tider. Återigen är detta särskilt skadligt för lågutbildad arbetskraft. Samtidigt gör den höga arbetslösheten att folk som har ett jobb är rädda för att byta karriär.

Även hyresregleringar gynnar befintliga hyresgäster medan de avskräcker hemägare från att hyra ut bostadsyta och investerare från att utveckla fastighetsprojekt. Således leder dessa lagar till bostadsbrist och driver upp hyrorna, vilket skadar personer som behöver någonstans att bo.

Eller ta de lagar som bestämmer produkters och tjänsters minimistandarder. Är inte ens dessa lagar gynnsamma? Nej, inte alls. Nackdelen med dessa lagar är att de begränsar tillgången, minskar konsumentvalet och höjer priserna (vilket återigen är särskilt skadligt för de fattiga). Till exempel driver lagar gällande bilars säkerhetsstandarder upp priserna och gör att de blir för dyra för dem inom de lägsta inkomstgrupperna, som således förnekas möjligheten att själva bestämma vilken sorts risk de vill ta på vägarna.

För att inse varför sådana "skyddslagar" har allvarliga nackdelar, ponera att staten förbjuder försäljningen av bilar sämre än en Mercedes Benz. Skulle inte det innebära att alla körde de bästa och säkraste bilarna? Det är uppenbart att det endast är de som skulle ha råd med en Mercedes Benz som fortfarande skulle kunna köra. Eller ställ dig själv frågan: varför trefaldigar inte staten minimilönen? Då skulle ju alla tjäna mycket mera pengar, eller hur? Ja visst, de som fortfarande skulle ha jobb. Men ingen annan. Staten kan inte utföra trolleritrick med sina lagar även om många människor tror det.

I en demokrati tvingas du inte enbart göra det som staten säger till dig, utan du måste i princip ha statens tillstånd för allt du gör. I praktiken tillåts individer fortfarande många friheter, med betoning på att de tillåts. Alla friheter som vi har i en demokrati blir vi tilldelade av staten, och de kan också tas ifrån oss när som helst.

Även om ingen frågar om tillåtelse från staten innan han tar en öl är detta medgivande likväl implicit nödvändigt. Vår demokratiskt tillsatta regering kan förbjuda öldrickande om den vill. Faktum är att detta redan har skett under förbudstiden. Nu för tiden måste du vara 21 år i USA för att ha rätt att dricka alkohol.

Andra demokratiska stater har liknande regler. I Sverige kan du enbart köpa alkohol i statligt ägda butiker. I många länder och stater är prostitution olagligt. Norska medborgare tillåts inte ens att "köpa sex" utanför Norge. I Holland måste man ha statens tillåtelse för att bygga ett skjul eller för att ändra utseendet på sitt hus. Allt detta är uppenbara instanser av diktatur, inte frihet.

Det påstås ibland att majoriteten i västerländska demokratier inte kan göra vad som helst eller till och med att demokratier faktiskt i själva verket skyddar "minoriteter". Detta är en myt. Ja, det finns idag ett fåtal minoriteter som avnjuter särskilt statligt "skydd", som feminister, homosexuella, och etniska minoriteter. Andra minoriteter så som mexikaner, rökare, droganvändare, entreprenörer, nybyggare, kristna – kan inte lite på att de kommer att behandlas lika förmånligt. Vissa minoriteters popularitet har mer att göra med mode än med demokrati.

> *"Frihet och demokrati är inte samma sak. Frihet kan inte mätas av möjligheten att rösta. Den kan mätas av de saker vi inte röstar om". John T. Wenders*

Orsaken till att vissa minoriteter utelämnas medan andra behandlas fördelaktigt i en demokrati varierar. Vissa är väldigt högljudda och går omedelbart ut och protesterar på gatorna då deras "rättigheter" (dvs. privilegier) hotas, till exempel vissa offentliganställda eller fackanställda, eller jordbrukare i Frankrike. Andra tas motvilligt om hand eftersom de antas reagera aggressivt om de måste följa lagarna, som fotbollshuliganer, eller etniska gäng, eller miljöaktivister. Om rökare, som en gång i tiden var en majoritet, hade reagerat våldsamt då deras friheter trampades ner skulle många anti-röklagar sannolikt inte ha gått igenom.

Poängen är att det inte finns något alls i det demokratiska systemet eller den demokratiska principen som garanterar minoriteters rättigheter. Demokratiprincipen i sig innebär just att minoriteten inte har några heliga rättigheter. Parlamentet eller kongressen kan anta vilken lag som hest utan att ta hänsyn till minoriteterna. Och vad som är moderiktigt är i ständig förändring. Dagens skyddade minoritet kan vara morgondagens syndabockar.

Men har inte demokratier konstitutioner som skyddar folket från majoritetens tyranniska lagstiftning? I viss mån ja. Men lägg märke till att den amerikanska konstitutionen antogs innan USA var en demokrati. Och konstitutionen kan ändras av det demokratiska systemet om majoriteten vill det – och så har också ofta skett. Alkoholförbudet fixades genom ett författningstillägg. Inkomstskatten likaså. Själva existensen av författningstillägg visar att konstitutionen är under demokratisk kontroll, det vill säga majoritetens styre. Dessutom var den ursprungliga konstitutionen inte heller felfri då den tillät slaveri.

Andra demokratiska länder har konstitutioner som i ännu mindre omfattning skyddar individuella friheter än den amerikanska konstitutionen. Under den holländska konstitutionen måste staten bidra med jobb, bostäder, uppehälle, sjukvård, omfördelning av rikedom, och så vidare. Denna konstitution ser mer ut som ett socialdemokratiskt valprogram än ett frihetligt manifest. I EUs konstitution står det att "unionen ska verka för en hållbar utveckling i Europa som bygger på välavvägd ekonomisk tillväxt och på prisstabilitet, på en social marknadsekonomi med hög konkurrenskraft där full sysselsättning och sociala framsteg eftersträvas, samt på en hög miljöskyddsnivå och en bättre miljö". Dessa och andra artiklar i dokumentet ger de europeiska myndigheterna gott om spelrum för att reglera folk. Apropå det röstade befolkningen i Frankrike och Holland emot författningen, men den drevs igenom ändå.

Demokrati påstås dessutom ofta gå hand i hand med yttrandefrihet, men återigen så är detta en myt. Det finns ingenting i den demokratiska idén som har med yttrandefrihet att göra, vilket Sokrates blev varse om. Demokratiska länder har massvis med regler som begränsar yttrandefriheten. I Holland är det till exempel förbjudet att förolämpa drottningen.

I USA garanterar det första författningstillägget yttrandefrihet, med undantag för "obsceniteter, förtal, uppvigling, samt trakasserier, priviligierad kommunikation, handelshemligheter, klassificerat material, copyright, patent, militär verksamhet, kommersiella uttryck såsom reklam, samt begränsningar som beror på tid, plats och uppträdande". Det är en väldig massa undantag.

Det som är viktigt att lägga märke till är dock att den

amerikanska konstitutionen – och yttrandefriheten som kom med den – antogs innan demokratins ankomst. Orsaken till att folk i västerländska demokratier åtnjuter en mängd friheter är inte för att de är demokratier utan för att de har klassiskt liberala eller libertarianska traditioner som uppstod på 1600-talet eller 1700-talet, innan dessa länder blev demokratiska. Många människor i dessa länder vill inte avstå dessa friheter, även om den frihetliga andan konstant urholkas av den demokratiska andan.

I andra delar av världen är folk mindre fästa vid individuella friheter. Många icke-västerländska demokratier visar väldigt lite respekt för individuell frihet. I demokratiska islamistiska länder som Pakistan har kvinnor väldigt lite frihet och inte heller finns det yttrandefrihet eller religionsfrihet. I dessa länder är demokrati ett rättfärdigande för förtryck. Om demokrati instiftades i absoluta monarkier som Dubai, Quatar eller Kuwait skulle detta sannolikt leda till mindre frihet snarare än mer. Palestinierna på Gazaremsan valde på demokratisk väg de fundamentalistiska, och inte särskilt frihetsälskande, Hamas (ett valresultat som ironiskt nog inte accepterades av USA eller andra västerländska stater).

Myt 10 - Demokrati främjar fred och bekämpar korruption

På den internationella arenan är demokratiska stater nästan per definition bra och alla andra dåliga. Demokratier är ju trots allt fredsälskande, eller hur? Nja, inte direkt. Alltför ofta visar sig demokratier vara tämligen krigshetsande. USA som är den mäktigaste demokratin i världen har startat ett dussintal krig. Den amerikanska staten utförde ett antal statskupper, omkullkastade regeringar, stödde diktatorer (Mobutu, Suharto, Pinochet, Marcos, Somoza, Batista, den iranska Shahen, Saddam Hussein, och så vidare) och bombade försvarslösa civila, och använde till och med atombomber. I dagsläget har USA soldater på mer än 700 militärbaser i över 100 länder och spenderar ungefär lika mycket på "försvar" som resten av världen tillsammans.

Det demokratiska Storbritannien uppfann koncentrationsläger (i Sydafrika) och var det första landet som undertryckte nationalistiskt motstånd i sina kolonier genom flygbombningar, vilket förstörde hela byar (i Irak på 1920-talet). Det demokratiska brittiska imperiet undertryckte ett antal självständighetsrevolter i sina kolonier, som i Afghanistan, Indien och Kenya. Direkt efter att de hade befriats från Nazisterna av de allierade förde det demokratiska Holland ett krig i Indonesien mot folk som ville ha självständighet. Frankrike gjorde samma sak i Indokina. Demokratiska länder som Belgien och Frankrike har fört många smutsiga krig i Afrika (exempelvis i det belgiska Kongo och Algeriet). USA krigar för närvarande fortfarande i Irak och Afghanistan, vilket åtföljs av tortyr och tusentals oskyldiga offer.

En variation av denna myt påstår att demokratier inte krigar *mot varandra*. Den tidigare brittiska premiärministern Margret Thatcher sade detta under ett besök i Tjeckoslovakien 1990 ("demokratier krigar inte med varandra"), och Bill Clinton sade det i ett tal till den amerikanska kongressen 1994 ("demokratier attackerar inte varandra"). Detta implicerar att alla krig som demokratier har fört har varit mer eller mindre rättfärdiga eftersom de inte fördes mot andra demokratier, och att, om hela världen vore demokratisk skulle det inte längre finnas några krig.

Nu är det förvisso sant att ett stort antal "västerländska" länder – som också råkar vara "demokratier" – sedan andra världskriget har gått samman i NATO och visat väldigt små tendenser att attackera varandra. Men det betyder inte att detta har något med demokrati att göra eller att demokratier historiskt sett har varit fredliga mot varandra.

OM DU INTE KOMMER TILL DEMOKRATI

SÅ KOMMER DEMOKRATI TILL DIG

I det antika Grekland stred de demokratiska stadsstaterna regelbundet mot varandra. 1898 krigade USA och Spanien. Det första världskriget fördes mellan ett Tyskland som var precis lika demokratiskt som Storbritannien och Frankrike. Demokratiska Indien och demokratiska Pakistan har krigat ett flertal gånger sedan 1947. USA stödde anti-demokratiska statskupper mot demokratiskt valda ledare i Iran, Guatemala, och Chile. Israel har fört krig mot demokratiska länder som Libanon och Gazaremsan. Demokratiska Ryssland har nyligen stridit med demokratiska Georgien.

Orsaken till att moderna västerländska demokratier inte krigar mot varandra efter andra världskriget har att göra med väldigt specifika historiska omständigheter, och det är svårt att dra några generella slutsatser baserat på dessa. Den mest avgörande orsaken är att de har gått tillsammans i en militär allians, NATO.

> *Med demokratiska "rättigheter" kommer demokratiska skyldigheter. Du har rösträtt och därför en skyldighet att strida för att försvara ditt land.*

Det finns också en "lag" som påstår att "inga två länder som båda har en McDonalds-restaurang har någonsin krigat mot varandra". Detta verkade vara sant under en lång tid – ända tills NATOs bombning av Serbien 1999 (senare exempel är Israels invasion av Libanon och konflikten mellan Ryssland och Georgien). Men denna lag betyder precis lika lite som Clintons och Thatchers påståenden.

Man skulle till och med kunna argumentera för att demokrati har lett till att krigföringen har intensifierats. Innan demokrati blev populärt, ända till 1700-talet, krigade kungar med arméer som bestod av legosoldater. Det fanns ingen värnplikt och folken behövde inte kriga mot eller hata andra nationer.

I samband med de nationaldemokratiska staternas uppgång förändras allt detta. I alla de demokratiska länderna infördes allmän värnplikt, med början i den franska revolutionen. Hela befolkningen mobiliserades för att föra krig mot folk i andra länder. Värnpliktiga kunde enkelt användas som kanonmat eftersom de kunde ersättas av nya värnpliktiga.

Det må verka orättvist att likställa demokrati med nationalism, men det finns en orsak till att dessa två idéer blev populära samtidigt. Demokrati betyder "folkstyre", och denna uppfattning har givetvis sina nationalistiska tendenser. Med demokratiska "rättigheter" kommer demokratiska skyldigheter. Du har rösträtt och därför en skyldighet att strida för att försvara ditt land.

Låt oss inte glömma att det katastrofala första världskriget – som öppnade vägen för 1900-talets totalitära stater och det andra världskriget – i stor omfattning utkämpades av demokratiska eller semi-demokratiska länder. Det första världskriget ägde rum i Europa efter att den demokratiska nationalismen i stor omfattning hade tryckt tillbaka det klassiskt liberala tänkandet.

I USA var det också de progressiva demokraterna, som började dominera den allmänna opinionen i slutet av 1800-talet, som verkade för krig. USA deltog i det första världskriget under president Wilsons kända slogan "att göra världen säker för demokrati". Om amerikanerna hade varit trogna grundarnas libertarianska "isolationistiska" principer hade USA aldrig gått med i första världskriget. Då hade kriget sannolikt slutat utan en klar vinnare, och de allierade hade inte kunnat påtvinga Tyskland det betungande Versailles-fördraget. Hitler hade kanske aldrig kommit till makten och det andra världskriget och förintelsen hade aldrig inträffat.

Demokrati leder inte nödvändigtvis till mer "transparens" eller ansvar, som så ofta påstås. Det faktum att politiker behöver röster för att kunna väljas uppmuntrar till korruption. De måste göra något för väljarkåren för att vinna deras röster. Denna sorts korruption är särskilt utbredd i USA, valfläskets hemland. Amerikanska politiker är ofta villiga att göra vad som helst för att få federala pengar eller program till sin stat eller sitt distrikt. Vidare tenderar de att vara brickor i ett spel som spelas av mäktiga lobbyorganisationer, som bidrar med de pengar som krävs för deras kostsamma kampanjer. I tillägg till detta har Washingtons "svängdörrar" uppstått vilket innebär att mäktiga människor växlar från politik till näringslivet (eller militären) och tillbaka igen, utan några som helst samvetsbetänkligheter.

Andra demokratiska länder uppvisar liknande former av

korruption. I utvecklingsländer går nästan alltid demokrati hand i hand med korruption. Detsamma gäller för länder som Ryssland, Italien, Frankrike och Grekland. Korruptionen är nästan oundviklig när staten har stor makt, oavsett vilket det politiska systemet är, och det gäller absolut även för demokrati.

Myt 11 - I en demokrati får folk vad de vill ha

Den grundläggande idén bakom demokrati är att folket får vad de vill ha. Eller i alla fall vad majoriteten vill ha. Med andra ord kan vi förvisso klaga på resultatet av vårt demokratiska system, men i grund och botten är det som vi har nu det vi ville ha, eftersom vi ju har valt det på demokratisk väg.

I teorin låter det bra men verkligheten är annorlunda. Till exempel kan vi anta att alla vill ha bättre utbildning. Men ändå får vi inte bättre utbildning. Vad vi får är istället trakasserade lärare, våldsamheter i våra skolor, skolor som lärofabriker, studenter som inte längre kan läsa, skriva eller räkna. Men vi får inte bättre utbildning.

Hur kommer det sig? Det är inte på grund av en brist på demokrati; istället är det ett resultat av hur vårt demokratiska system fungerar. Det faktum att utbildningen styrs av det demokratiska systemet betyder att politiker och byråkrater dikterar hur utbildningen ska organiseras och hur mycket pengar som ska spenderas. Det betyder att föräldrars, lärares och studenters möjligheter att välja minimeras. Statliga interventioner betyder att skolorna och universiteten dränks i planer, krav, regler och regleringar från utbildningsdepartementet. Denna byråkratisering gör att utbildningen blir sämre, inte bättre.

> *På ett sätt är en fri marknad mer demokratisk än en demokrati eftersom medborgarna kan göra sina egna val istället för att staten väljer åt dem.*

När folk sedan klagar på utbildningens kvalité svarar politikerna med att införa ännu fler regleringar. Vad annat kan de göra? Tanken att de skulle upphöra med sina förstörande aktiviteter kommer de inte ens föreställa sig. Om de slutade att lägga sig i skulle de implicit erkänna att de är överflödiga eller till och med kontraproduktiva, något de givetvis aldrig kommer att göra. Det ligger inte i deras intresse. De nya regleringarna gör problemet värre eftersom de ytterligare begränsar studenternas, föräldrarnas och lärarnas roll. De leder också till mer byråkrati och skapar ofta perversa incitament. Till exempel tvingade byråkrater de holländska skolorna att lära ut ett visst antal timmar, skenbart för att säkerställa utbildningens kvalitet. Men detta gjorde inget åt den brist på lärare som skolorna led av, så skolorna tvingades att hålla kvar sina elever i klassrummen i timmar, helt sysslolösa. Att staten försöker använda sig av siffror då den styr är föga förvånande. Från avstånd är kvantitet det enda som du kan mäta. Kvalitet är endast synligt för de som är direkt involverade.

Det demokratiska systemet kan jämföras med statliga fabriker i före detta Sovjetunionen. Dessa kontrollerades centralt och styrdes helt på siffergrund. Trots (eller snarare på grund av) all den statliga omsorgen var produktionskvaliteten låg. Ingen kommunistisk bil kunde konkurrera med västerländska modeller. Orsaken till detta var att produktionen kontrollerades av byråkrater och inte konsumenter. Hur är det möjligt för byråkrater att veta vad konsumenterna vill ha? Och vilka incitament har de för att förbättra sig?

Den centralplanerande sovjetiska staten förde med sig ytterst lite teknologisk eller kulturell innovation. Hur många uppfinningar kommer från kommunistiska länder? Kvalitet och innovation är resultat av konkurrens och valfrihet, inte central kontroll och statligt tvång. Om privata företag vill överleva måste de konkurrera genom att sänka sina priser så mycket som möjligt, eller genom att uppfinna, skapa produkter av bättre kvalitet, eller genom att erbjuda bättre tjänster. Statsägda företag har inga sådana incitament eftersom de bärs upp av statliga pengar.

Eftersom vårt utbildningssystem (delvis) organiseras av det demokratiska systemet är det (och i den omfattningen) en statsprodukt, vilket gör den jämförbar med de statsägda fabrikerna i det forna Sovjetunionen. Detta exempel visar också hur demokrati i längden oundvikligen leder till en grad av socialism. Den fria marknaden fungerar inte genom demokratiska processer. Men på ett sätt är en fri marknad mer demokratisk än en demokrati eftersom medborgarna kan göra sina egna val istället för att staten väljer åt dem.

Det som gäller för utbildning gäller också för andra sektorer som står under demokratisk kontroll, som sjukvård och brottsbekämpning. De flesta människor vill ha bättre skydd mot brott. Men demokratin levererar inte det som folket vill ha. Folk röstar på politiker som lovar att de ska bekämpa brott, men resultatet är vanligtvis mer osäkerhet och brott istället för mindre.

> *Politiker erbjuder alltid samma lösning: ge oss mer pengar och mer makt så kommer vi att fixa problemen.*

I Holland ökade brott per capita sexfaldigt mellan 1961 och 2001 och varje år förblir 700.000 rapporterade brott outredda. I många av dessa fall (i alla fall 100.000) vet polisen vem förövaren är men de följer inte upp fallet eftersom de inte har tid eller helt enkelt inte bryr sig. Poliser måste ägna större delen av sin tid med pappersarbete. Men de har tid att stänga ner marijuanaodlare och böta folk för mindre trafikbrott.

Polisens dåliga prestation är det direkta resultatet av det faktum att den är demokratiskt kontrollerad. Polisen har tilldelats ett monopol på brottsbekämpning. Alla förstår att om ExxonMobil tilldelades ett monopol på oljemarknaden skulle bensinpriset skjuta i höjden och kvalitén falla. Samma gäller för polisen. Den är en organisation som får mer pengar ju färre brottslingar de fångar in. Om polisen framgångsrikt minskande brottsligheten skulle deras budget minskas och poliser skulle förlora sina jobb. Samma gäller för alla statliga organisationer. Man kan inte ens skylla på dem som arbetar i systemet. Endast de mest arbetssamma och mest moraliska skulle agera annorlunda, givet systemets perversa incitament.

74

Även om polisen inte är särskilt bra på att fånga brottslingar är de väldigt bra på en annan sak: att fylla i formulär. Alla som någonsin har rapporterat ett brott kan vittna om detta. Man kan inte lägga skulden på dem dock – de bombarderas hela tiden med nya regler som de måste följa. Av de 7.000 ytterligare poliser som började jobba i Holland mellan 2005 och 2009 hamnade endast 127 på gatorna. Enligt polisen själv var detta ett resultat av den gigantiska byråkratiska arbetsbörda som de statliga regleringarna hade skapat.

För att göra saken ännu värre får polisen allt mer – snarare än mindre – befogenheter. Det är särskilt sant i USA efter attackerna den 11 september. Brottsbekämpande organisationer har tilldelats allt mer – tvivelaktiga – befogenheter, som preventiva kroppsvisitationer på flygplatser, rätten att avlyssna telefonsamtal, tortyr av misstänkta terrorister, och rätten att bortse från de medborgarrättsliga skydd som brukade tas för givna i vårt rättssystem, som frihet från godtycklig häktning (Habeas Corpus).

> *Det faktum att utbildningen styrs av det demokratiska systemet betyder att politiker och byråkrater dikterar hur utbildningen ska organiseras och hur mycket pengar som ska spenderas.*

Finns det något alternativ till denna toppstyrda säkerhet som påtvingas oss? Givetvis. Alternativet är att ge individer, företag, grannskap och städer mer kontroll över sin egen säkerhet. Det statliga polismonopolet borde avskaffas och bereda väg för konkurrens mellan säkerhetsföretag. Folk skulle inte längre tvingas att betala skatt för den statliga polisen utan istället kunna hyra privata säkerhetsföretag. Det skulle minska priserna och höja kvalitén. Till och med idag växer sektorn för privat säkerhet snabbt eftersom folk i allt större grad inser att de inte kan lita på att polisen kommer att skydda dem.

Det som gäller för utbildning och polisen gäller också för alla andra "offentliga" sektorer som sjukvård. Återigen ser vi att demokratisk kontroll leder till låg kvalité och höga kostnader. Man kan endast drömma om den innovation som skulle uppstå om sjukvården återfördes till den fria marknaden.

Faktum är att folk vanligtvis inte får vad de vill ha i en demokrati. Den demokratiska one-size-fits-all-principen leder till centralisering, byråkrati och monopolisering (socialismens kännetecken). Det leder oundvikligen till dålig kvalité och höga kostnader.

Om du behöver bevis för att demokrati inte lever upp till sina löften, beakta då det faktum att politiker i varje val erkänner att saker och ting har gått fel. Varenda gång lovar de att de kommer att förändra allt – utbildning, säkerhet, sjukvård, och så vidare – till det bättre. Men de erbjuder alltid samma lösning: ge oss mer pengar och mer makt så kommer vi att fixa problemen. Detta inträffar så klart aldrig eftersom problemen skapas av samma politikers pengar och makt.

Myt 12 - Vi är alla demokrater

Om demokratin inte lyckas med att ge folk det de verkligen vill ha, hur kan det komma sig att de flesta likväl stöder den? Är inte varje rättänkande medborgare en demokrat, även om han emellanåt klagar lite på staten?

Nåväl, det kan diskuteras. Huruvida folk verkligen tror på något kan inte urskiljas på vad de säger utan på vad de gör när de är fria att välja. Om någon tvingas äta kyckling varje dag och säger att han älskar kyckling är det inte särskilt övertygande. Det är endast övertygande om han har valet att inte äta kyckling. Det samma gäller för demokrati. Demokrati är tvång. Alla måste delta. Individer, byar, städer, landskap, delstater måste alla underkasta sig och ingen tillåts träda ur. Skulle folk flytta till en annan stad som ligger 30 kilometer bort om den hade lägre skatter och mindre inkräktande byråkrati, även om de inte tilläts rösta där? Många skulle säkert göra det. Många människor röstar redan idag med sina fötter och flyttar till rika regioner över hela världen där det finns väldigt lite demokrati, eller till och med ingen alls.

Den som i en demokrati säger att han stöder demokrati låter som en medborgare i forna Sovjetunionen som säger att han hellre skulle köpa en Lada även om han hade möjligheten att köpa en Chevrolet eller Volkswagen. Är det möjligt? Ja visst, men inte sannolikt. Precis som den sovjetiske medborgaren som inte hade något val annat än att köpa en Lada, har vi inget val förutom demokrati.

Faktum är att många rättänkande demokrater onekligen skulle vara överlyckliga att undkomma de åtgärder som de själva påstås ha valt genom att rösta. Om de hade ett val, skulle folk verkligen frivilligt betala sin socialförsäkringsskatt till staten utan någon garanti att den infriar sina löften när de pensionerar sig? Hur många statstjänster av låg kvalité med högt högt pris skulle de frivilligt välja att betala för om de själva kunde välja hur de ville spendera sina pengar?

Den amerikanska ekonomen Walter Williams insåg att vi oftast egentligen inte vill att våra individuella beslut ska fattas demokratiskt. Han skrev, "för att visa på hur förkastligt demokrati och majoritetsstyre är för frihet behöver du bara fråga dig själv hur många av dina livsbeslut som du önskar fattades på demokratisk väg. Vad sägs om vilken bil du kör, var du bor, vem du gifter dig med, om du ska ha kalkon eller skinka på julbordet? Om dessa beslut fattades på demokratisk väg skulle det inte upplevas som personlig frihet utan som tyranni. Är det inte precis lika mycket tyranni att på demokratisk väg bestämma om du ska köpa en sjukförsäkring eller lägga undan pengar till pensionen? Både för oss själva och för våra medmänniskor över hela jorden borde vi förespråka frihet, inte den sortens demokrati som vi har idag där kongressen kan göra vad som helst om de får en majoritet bakom sig".

Det faktum att många demokratianhängare i själva verket inte alls tror på de idéer som de förespråkar blir uppenbart då vi tittar på demokratiska politikers och statstjänstemäns skenheliga beteende. Alltför ofta lever de inte som de lär. Tänk på de socialistiska politiker som kritiserar företagsledares höga löner och men sedan själva börjar jobba inom näringslivet då de drar sig tillbaka från politiken. Eller de politiker som förespråkar multikulturalismens välsignelser men som lever i helt vita områden och som skickar sina barn till vita skolor. Eller politiker som röstar för krig men som aldrig skulle kunna tänka sig att skicka sina egna barn för att utkämpa dem.

> *Demokrati är tvång. Alla måste delta. Individer, byar, städer, landskap, delstater måste alla underkasta sig och ingen tillåts träda ur.*

Det finns flera orsaker till att folk påstår sig stöda demokratin även om deras beteende visar på motsatsen. Först och främst är det förståeligt att folk tillskriver det nuvarande politiska systemet vårt relativa välstånd. Vi har det ganska bra och vi lever i en demokrati, således måste demokrati vara ett bra system, resonerar de. Men detta är felaktigt. Jämför det med vad vissa apologeter för Sovjetunionen sa om Lenin och Stalin. Visst, dessa diktatorer må ha begått illdåd men folk borde ändå vara dem tacksamma eftersom Sovjetunionen under deras styre industrialiserades och alla försågs med elektricitet. Men Ryssland skulle ändå ha elektrifierats och industrialiserats under 1900-talet, även om varken Lenin eller Stalin hade funnits. På liknande sätt kan inte de framsteg som har åstadkommits i vårt samhälle tillskrivas vårt politiska system. Titta på Kina. Den kinesiska ekonomin har växt otroligt snabbt, men landet är inte en demokrati. Välstånd beror på den mängd ekonomisk frihet som finns och till vilken grad äganderätten skyddas. Det har inte att göra med mängden demokrati.

En annan orsak till att folk ofta stöder vårt system har att göra med att de har svårt att föreställa sig hur deras liv skulle se ut om de fick behålla alla sina intjänade pengar och inte tvingades betala skatter. Man kan se de "gratis" motorvägar som man kör på men man kan inte se det nya sjukhuset som hade kunnat byggas av samma pengar. Inte heller kan man föreställa sig den semester man hade kunnat ta om man inte hade tvingats att betala för krigsinsatser i andra länder. Än mindre synliga är de innovationer som hade skapats om inte staten hade lagt sig i ekonomin. På den fria marknaden skulle ny och livräddande sjukvård utan tvekan ha utvecklats som idag kvävs av byråkratin.

Det verkar ofta som om staten magiskt tillhandahåller många saker utan kostnad, men det finns ett dolt pris som måste betalas: alla de möjligheter – tjänster, produkter, uppfinningar – som inte skapas eftersom staten har tillskansat sig de medel som krävs. Folk ser endast det som trollas fram ur statens hatt, men inte vad som stoppas i den.

Det finns en tredje förklaring till varför vi alla tror att vi är demokrater, nämligen för att vi ständigt blir intalade att vi är det. Våra skolor, media, politiker, alla hävdar de att det enda alternativet till demokrati är diktatur. Om demokrati tillskrivs denna gudomliga ställning, som det yttersta skyddet mot ondska, vem vågar då vara emot demokrati?

Myt 13 - Det finns inget (bättre) alternativ

Om du säger att du är emot demokrati tror folk omedelbart att du är för diktatur. Men det är nonsens. Diktatur är inte det enda alternativet till demokrati. Alternativet till att köpa en bil på demokratisk väg är inte att en diktator köper bilen åt dig, utan att du köper den själv.

Winston Churchill sa en gång att "demokrati är den sämsta styrelseformen som har prövats, bortsett från alla de övriga formerna som prövats". Med andra ord har demokratin sina problem, men det finns inget bättre system. I sin välkända bok "Historiens slut och den sista människan" skrev Francis Fukuyama till och med att den västerländska liberala demokratin var det mänskliga styrelseskickets slutliga form. Tydligen kunde ingenting bättre existera.

På detta sätt förhindras all kritik av demokrati på ett tidigt stadium. Det påstås att demokratin "står över politiska partier och ideologier", och att på grund av denna gudomliga status är ett annat eller bättre alternativ omöjligt att föreställa sig. Men detta är ren och skär propaganda. Demokrati är en specifik form av politisk organisation. Det finns absolut ingen anledning att anta att det är den bästa formen. Vi använder inte demokrati när det gäller vetenskap, vi röstar inte om vetenskapliga sanningar, utan det finns goda anledningar till att vi använder logik och fakta. Med andra ord finns det ingen anledning att ta för givet att demokrati nödvändigtvis är det bästa politiska systemet.

> *Alternativet till att köpa en bil på demokratisk väg är inte att en diktator köper bilen åt dig, utan att du köper den själv.*

Varför skulle inte folk kunna organisera sig själva annorlunda än i en nationalstat, där "folket" styr? Till exempel i mindre samhällen? Men idéer om decentralicering möter starkt motstånd från våra demokratiska ledare, och de görs till och med omöjliga. Om nu demokrati verkligen vore ett såpass bra system borde ju folk ges möjligheten att frivilligt ansluta sig – eller träda ur – en demokratisk nation, eller hur? Och med tanke på den välsignelse som demokrati medför borde ju folk stå i kö för att gå med. Men så är inte fallet. Det finns inte ett enda demokratiskt land, inklusive USA, där stater eller regioner tillåts att träda ur.

Faktum är att trenden i demokratiska länder är den rakt motsatta, mot mer och mer centralisering. Europa håller till exempel gradvis på att förvandlas till en demokratisk superstat. Med det tvivelaktiga resultatet att tyskar nu kan bestämma hur grekerna borde leva sina liv och vice versa. I denna megademokrati har länder möjlighet att tynga ner invånare i andra länder med konsekvenserna av den egna kortsiktiga ekonomiska politiken – precis som folk i en nationaldemokrati kan leva på sina medmänniskor. Vissa länder slösar pengar – de sparar inte, skämmer bort sina tjänstemän med generösa pensionsavtal, drar på sig skulder som de aldrig kommer att kunna betala – och om de får tillräckligt många EU-länder att hålla med kan de tvinga skattebetalarna i bättre styrda länder att betala räkningarna. Detta är den demokratiska logiken på europeisk nivå.

Ju större den demokratiska staten är, och ju mer heterogen befolkningen är, desto fler konflikter kommer att uppstå. De olika grupperna i en sådan stat kommer tveklöst att använda den demokratiska processen för att plundra och störa andra människor så mycket som möjligt för egen vinning. Ju mindre de administrativa enheterna är, och ju mer homogen befolkningen är, desto större chans att demokratins överdrifter förblir begränsade. Folk man känner eller identifierar sig med är man mindre benägen att förtrycka eller stjäla ifrån.

Av denna orsak vore det en bra idé att ge folk möjligheten till ett "administrativt utträde". Om New Hampshire tillåts träda ur USA skulle det finnas mycket större frihet att organisera saker där annorlunda än till exempel i Kalifornien. Delstaten skulle till exempel kunna införa sitt eget skattesystem som bättre gynnade entreprenörer och arbetstagare. Regioner skulle konkurrera med varandra och lagar skulle bli mer i harmoni med vad folk verkligen vill. Folk skulle kunna "rösta" med sina fötter genom att flytta till en annan stat. Regerandet skulle bli mycket mer dynamiskt och mindre byråkratiskt. Regioner skulle lära sig av varandra eftersom de skulle ha möjlighet att experimentera med olika sorters politik.

Välfärd för de fattiga skulle, till exempel, kunna organiseras mycket bättre på lokal nivå. Lokal kontroll förhindrar missbruk och är den bästa garantin för att de som verkligen behöver hjälp får det, och att pengar inte slösas på snyltare. Nedmonterandet av den nationaldemokratiska välfärdsstaten är också viktigt för att kunna uppnå en lyckosam integration av minoriteter. I dagsläget försörjs många invandrare av välfärdsstaten. Det är den typen av invandrare som folk inte vill ha. Men de flesta har inget emot invandrare som kan ta hand om sig själva och som är villiga att smälta in.

Förresten sa Churchill också att "det bästa argumentet mot demokrati är ett fem minuters långt samtal med genomsnittsväljaren".

II - Demokratins kris

Demokratin kanske startade som ett fantastiskt ideal för att göra folket starkare, men efter att ha praktiserats i 150 år kan vi se resultatet, och det är inte positivt. Det är nu tydligt att demokratin är en tyrannisk och inte en befriande kraft. Västerländska demokratier har följt de socialistiska ländernas väg och har stagnerat, korrumperats, byråkratiserats och blivit förtryckande. Som vi har försökt visa har detta inte hänt för att det demokratiska idealet har korrumperats utan snarare på grund av idealets inneboende kollektivism.

Om du vill veta hur demokrati verkligen fungerar, tänk då på följande exempel. George Papandreou, den grekiske socialistiske politikern, vann valet i sitt hemland 2009 med en enkel slogan: DET FINNS PENGAR! Hans konservative motståndare hade minskat de statsanställdas löner samt minskat de offentliga utgifterna. Papandreou sa att detta inte behövdes. "Lefta yparchoun" var hans stridsrop – det finns pengar. Han vann enkelt valet. I verkligheten fanns det så klart inga pengar – eller snarare, pengarna var tvungna att komma från skattebetalare i andra europeiska länder. Men majoriteten har alltid rätt i en demokrati, och när folk upptäcker att de kan rösta till sig rikedomar kommer de oundvikligen att göra så. Att förvänta sig något annat av dem är naivt.

Vad det grekiska exemplet också visar är att folk i en demokrati naturligt ser till staten för att bli omhändertagna. Demokratiskt styre betyder statligt styre. Resultatet blir att folk kontinuerligt kommer att ställa krav på staten. De kommer att bli mer och mer beroende av att staten löser deras problem och styr deras liv. Oavsett vilka problem de stöter på förväntar de sig att staten ska lösa dem. Fetma, missbruk, arbetslöshet, för få lärare eller sjuksköterskor, för få museibesökare, oavsett vad det rör sig om så finns staten där för att åtgärda problemet. Oavsett vad som händer – en brand i en biosalong, en flygplanskrasch, ett barslagsmål – så förväntar de sig att staten jagar tag i de skyldiga och försäkrar att något liknande aldrig händer igen. Om folk råkar vara arbetslösa förväntar de sig att staten "skapar jobb". Om bensinpriset går upp vill de att staten ska göra något åt det. På Youtube finns en video som visar en intervju med en kvinna som precis har lyssnat på ett tal med president Obama och hon närapå gråter av lycka. Hon utropar att hon inte längre måste oroa sig för att betala för sin bensin eller betala på sitt lån. Det är denna typ av mentalitet som demokrati föder.

Och politiker är så klart villiga att ge folk vad de kräver. De är som personen som endast har en hammare och som överallt ser en spik som måste spikas ner. På samma sätt ser de sig själva som fixare av samhällets alla problem. Trots allt är det ju orsaken till att de valts. De lovar att de kommer att "skapa jobb", sänka räntan, öka folks köpkraft, göra det möjligt för även de fattigaste att äga ett hem, förbättra utbildningen, bygga lekplatser och fotbollsplaner för barnen, säkerställa att alla produkter och arbetsplatser är säkra, bidra med bra och billig sjukvård till alla, avskaffa bilköer, brott och vandalism, försvara våra nationella intressen i resten av världen, upprätthålla "internationell lag" över hela jordklotet, förespråka frigörelse, kämpa mot diskriminering, säkerställa att maten är säker och vattnet är rent, "rädda klimatet", göra landet till det renaste, grönaste och mest framstegsvänliga landet i världen, samt befria planeten från hunger. De vill uppfylla alla våra drömmar och krav, skydda oss från vaggan till graven, säkerställa att vi är lyckliga och nöjda från tidig morgon till sent på kvällen – och så klart skära i budgeten och minska skatterna.

Detta är de drömmar som demokratin är gjord av.

De demokratiska synderna

Det är uppenbart att detta aldrig kan fungera. Staten kan inte åstadkomma allt detta. Till slut kommer politiker att göra det enda som de kan göra, vilket är:

1. Att ösa pengar på problemet
2. Hitta på nya regler och regleringar

3. Starta kommittéer och övervaka hur de implementerar reglerna.

Det finns egentligen inget annat som politiker kan göra. De kan inte ens betala för sina aktiviteter, utan det lämnas över till skattebetalarna att ta hand om.

Du kan se konsekvenserna av detta system runt dig varje dag:

Byråkrati. Överallt har demokratin skapat en omfattande byråkrati, som styr våra liv med ökande godtycklig makt. Eftersom de är staten kan de säkerställa att de skyddas mot den hårda ekonomiska verkligheten som resten av oss ställs inför. Deras myndigheter kan aldrig gå i konkurs, de själva kan knappast få sparken, och de har sällan problem med lagen eftersom de själva är lagen. Samtidigt lägger de en tung börda på resten av oss med sina regler och regleringar. Överallt hindras nya företag av alla lagar och byråkratiska kostnader som tvingas på dem. Befintliga företag lider också under byråkratins tyngd. I USA uppgår kostnaden för alla regleringar till 1,75 biljoner varje år, enligt en artikel på Wikipedia. De fattiga och lågutbildade lider allra mest av detta system: de kan inte hitta jobb eftersom de är för dyra för marknaden på grund av minimilöner och andra lagar som driver upp kostnaden för arbete. Det är även väldigt svårt för dem att starta sina egna företag eftersom de inte vet hur man ska navigera den byråkratiska djungeln.

Parasitism. I tillägg till alla byråkrater och politiker finns det en annan grupp människor som klarar sig bra i det demokratiska systemet: de som har företag och institutioner vars existens möjliggörs av statlig frikostighet eller särskilda privilegier. Ta till exempel det militärindustriella komplexet, och bankerna och de finansiella institutioner som stöttas upp av den amerikanska centralbanken FED. Men det gäller även människorna i de "subventionerade sektorerna" – kulturinstitutioner, statstelevision, biståndsorgan, miljögrupper, och så vidare – för att inte nämna hela den cirkus som vi kallar "internationella institutioner". Många av dessa människor har lukrativa jobb som de har fått tack vare sina nära relationer med staten och statliga myndigheter. Detta är en form av institutionell parasitism som gynnas av vårt demokratiska system.

Storhetsvansinne. Frustrerade av sin oförmåga att verkligen förändra samhället sjösätter staten regelbundet megaprojekt för att hjälpa till att rädda en industrisektor på fallrepet, eller för att tjäna något annat nobelt syfte. Oundvikligen kommer sådana handlingar enbart att resultera i ännu mer problem och de kostar alltid mycket mer än planerat. Tänk på utbildningsreformer, sjukvårdsreformer, infrastrukturprojekt och annat nonsens, som etanolprogrammet i USA, eller Europas vindkraftsprojekt. Man kan även se på krig som offentliga projekt som företas av staten för att styra bort uppmärksamheten från inhemska problem, ge staten mer folkligt stöd, skapa jobb för underklassen, och ge direkt och omfattande vinster till favoriserade företag som i sin tur sponsrar politikernas omvalskampanjer och erbjuder jobb för samma politiker då de blir utkastade från sitt offentliga ämbete. (Det är knappast nödvändigt att påpeka att politikerna aldrig själva deltar i de krig som de startar).

> *Den huvudsakliga drivkraften för politiker i en demokrati är viljan att bli omvald. Därför sträcker sig deras tidshorisont sällan bortom det kommande valet.*

Välfärdspolitik. De politiker som utnämns till att bekämpa fattigdom och ojämlikhet upplever det naturligt som sin heliga uppgift att kontinuerligt introducera nya välfärdsprogram (och nya skatter för att betala dem). Detta tjänar inte bara deras egna intressen utan även de byråkrater som får ansvar för att implementera dem gynnas också. Välfärd utgör nu en ansenlig andel av de statliga utgifterna i de flesta demokratiska länder. I England spenderar staten en tredjedel av sin budget på välfärd. I Italien och Frankrike närmar sig denna siffra 40 procent. Många samhälleliga organisationer (till exempel fackföreningar, statliga pensionsfonder, statliga arbetsförmedlingar) har ett egenintresse i att behålla och expandera välfärdsstaten. Det är typiskt för det sätt som den demokratiska staten fungerar att den inte erbjuder något val och inte ingår kontrakt med sina invånare. Alla tvingas att betala höga arbetslöshetsförsäkringar och pensionsavgifter, men ingen vet vilka förmåner de kommer att kunna åtnjuta i framtiden. De pengar som de tvingats betala har redan spenderats. Den stundande pensionskatastrofen är det mest flagranta exemplet på detta. Och ha då i åtanke att välfärdsstaten inte enbart går till de "mindre lyckligt lottade". Mycket av "välfärden" går till de rika, till exempel till de banker som fick räddningspaket som uppgick till 700 miljarder dollar (varpå direktörerna betalade ut feta bonusar till sig själva).

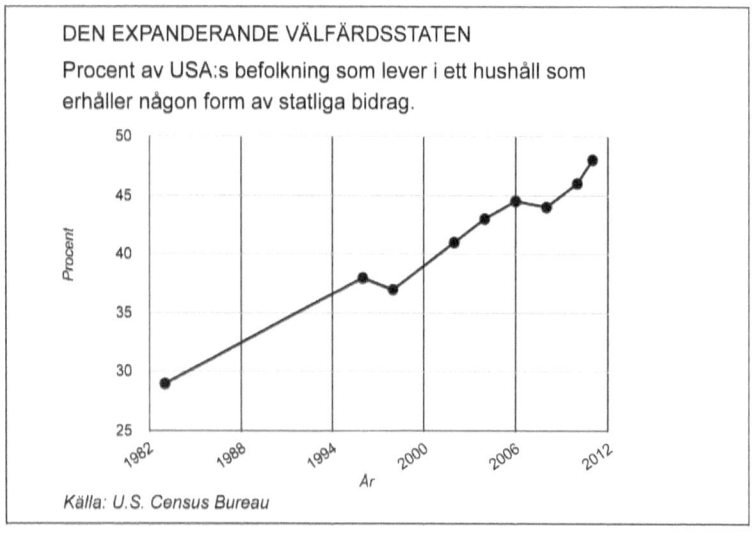

DEN EXPANDERANDE VÄLFÄRDSSTATEN
Procent av USA:s befolkning som lever i ett hushåll som erhåller någon form av statliga bidrag.

Källa: U.S. Census Bureau

Antisocialt beteende och brottslighet. Den demokratiska välfärdsstaten uppmuntrar till oansvarigt och antisocialt beteende. I ett fritt samhälle kommer folk som missköter sig, inte upprätthåller sina löften, eller agerar utan hänsyn till andra, att förlora stödet från sina vänner, sin familj och sitt grannskap. Men, vår välfärdsstat säger till dem: Om ingen vill hjälpa dig längre så kommer vi att göra det! Således belönas folk för sitt antisociala beteende. Eftersom de är vana vid att staten tillhandahåller allt som de behöver utvecklar de mer och mer en snyltarmentalitet och vill inte arbeta för pengar. För att göra det ännu värre bidrar rigid arbetslagstiftning (och även antidiskrimineringslagstiftning) till att arbetsgivare får svårare att göra sig av med anställda som inte längre presterar tillfredsställande. På samma sätt gör statliga regleringar det nästintill omöjligt att göra sig av med studenter eller sparka lärare som missköter sig eller som underpresterar. I allmännyttiga bostäder är det nästan omöjligt att vräka någon som stör sina grannar. Grupper som missköter sig själva på nattklubbar kan inte nekas inträde på grund av antidiskrimineringslagstiftning. Till råga på allt sätter staten ofta upp dyra stödprogram för antisociala grupper, vilket gör att brottslighet belönas och uppmuntras.

Medelmåttighet och lägre standarder. Eftersom majoriteten i alla samhällen tenderar att vara fattigare än de mer framgångsrika och kompetenta samhällsmedborgarna finns det oundvikligen ett tryck på demokratiska politiker att omfördela välstånd – att ta från de rika och ge till de fattiga. På detta sätt bestraffas den framgångsrike och den som utmärker sig genom en progressiv beskattning. Således kan vi i en demokrati förvänta oss att befolkningen blir dummare och att den allmänna kulturella standarden sjunker. Varhelst majoriteten styr blir medelmåttan norm.

Missnöjeskultur. I en demokrati leder privata meningsskiljaktigheter konstant till samhälleliga konflikter. Detta eftersom staten stör alla privata och samhälleliga relationer. Allting som går fel någonstans, från en dåligt fungerande statlig skola till ett lokalt upplopp, blåses upp till en riksomfattande (eller till och med global) fråga som politiker måste hitta en lösning på. Alla känner sig manade och uppmuntrade att tvinga sin världsbild på andra. Grupper som känner sig kränkta organiserar protester eller strejkar. Detta skapar en allmän frustrations- och missnöjeskänsla.

Kortsiktighet. Den huvudsakliga drivkraften för politiker i en demokrati är viljan att bli omvald. Därför sträcker sig deras tidshorisont sällan bortom det kommande valet. Dessutom arbetar demokratiskt valda politiker med resurser som inte är deras egna och som de endast tillfälligt förfogar över. De spenderar andra människors pengar. Detta betyder att de inte behöver vara försiktiga eller tänka långsiktigt. Av dessa skäl är den politik som förs i demokratier kortsiktig. En före detta minister i Holland sa en gång i tiden att "politiska ledare skulle styra som om val inte längre existerade. På detta sätt skulle de kunna ha en långsiktig tidshorisont". Men det är så klart just det som de inte kan göra. Som den amerikanske författaren Fareed Zakaria förklarade i en intervju, "Jag tror att vi står inför en verklig kris i den västerländska världen. Det vi kan se är den fundamentala oförmågan i varenda västerländskt samhälle att göra en enda sak, nämligen att tvinga fram en kortsiktig uppoffring för en långsiktig vinst. Närhelst staten försöker att föreslå någon sorts uppoffring blir det uppror. Och upproret är nästan alltid framgångsrikt". Eftersom folk i en demokrati uppmanas till att bete sig som snyltare och eftersom politiker beter sig mer som förvaltare än egendomsägare då de endast innehar sitt ämbete temporärt, är detta resultat inte förvånande. Den som förvaltar eller hyr något har betydligt mindre incitament att vara omsorgsfull och tänka långsiktigt än en ägare.

> *I en demokrati leder privata meningsskiljaktigheter konstant till samhälleliga konflikter. Detta eftersom staten stör alla privata och samhälleliga relationer.*

Varför saker bara blir värre och värre

I teorin skulle folk kunna rösta för ett annat, mindre byråkratiskt och slösaktigt system. I praktiken är det inte sannolikt att det inträffar eftersom det finns alldeles för många människor som har ett egenintresse i att bevara systemet. Och medan staten långsamt växer allt större, växer dessa grupper med den. Som den österrikiske ekonomen Ludwig von Mises poängterade kommer särskilt byråkratin att motsätta sig all förändring med näbbar och klor. "Byråkraten är inte enbart en statsanställd", skrev Mises, "han är, under en demokratisk konstitution, både en väljare och som sådan också en del av suveränen, hans arbetsgivare. Han befinner sig i en säregen situation: han är både en arbetstagare och en arbetsgivare. Och hans ekonomiska intresse som arbetstagare överträffar hans intresse som arbetsgivare, eftersom han får mycket mer från de offentliga medlen än han bidrar med. Denna dubbla relation blir viktigare när antalet människor på statens avlöningslista ökar. Byråkraten som väljare är mer benägen att öka än att balansera budgeten. Han är först och främst angelägen att höja lönerna".

Ekonomen Milton Friedman menade att man kan spendera pengar på fyra olika sätt. Det första sättet är när man spenderar sina egna pengar på sig själv. Du har ett incitament att leta efter kvalitet och att spendera effektivt. Detta är vanligen det sätt som pengar spenderas på i den privata sektorn. Det andra sättet du kan spendera pengar på är när du spenderar dina egna pengar på någon annan, till exempel då du bjuder någon på middag. Du bryr dig absolut om mängden du spenderar, men du är samtidigt mindre intresserad av kvalitén. Det tredje sättet är när du spenderar någon annans pengar på dig själv, som då du har lunch på ditt företags bekostnad. Incitamentet att vara sparsam är väldigt lågt, till skillnad från incitamentet att välja rätt lunch. Det fjärde sättet är att spendera någon annans pengar på någon annan. I detta fall har du inget skäl till att bry dig om vare sig kvalitet eller kostnad. Det är generellt på detta sätt som staten spenderar dina skattepengar.

Politiker hålls sällan ansvariga för de åtgärder som de har infört och som visar sig vara skadliga i det långa loppet. De får beröm för sina goda avsikter och de initialt positiva resultaten. De negativa konsekvenserna som framstår långt senare (till exempel skulder som måste återbetalas) blir de efterföljandes ansvar. Politiker har dessutom väldigt lite incitament att arbeta för program som kommer att leda till resultat först då de lämnat sitt ämbete, eftersom andra kommer att få beröm för detta.

Således spenderar demokratiska stater oundvikligen mer än de erhåller. De löser detta genom att höja skatter, eller till och med bättre – eftersom skatter tenderar att hatas av de som måste betala dem – genom att låna pengar eller helt enkelt trycka upp dem. (Värt att notera är att de tenderar att låna från favoriserade banker, som sedan räddas av staten om de skuldsätter sig alltför mycket). De skär sällan i sin egen budget. När det talas om nedskärningar innebär detta inte sällan en minskning av ökningen i utgifterna.

> *Det fjärde sättet är att spendera någon annans pengar på någon annan. I detta fall har du inget skäl till att bry dig om vare sig kvalitet eller kostnad.*

Pengatryckning leder så klart till inflation, vilket betyder en ständig värdeminskning av folks besparingar. Att låna pengar innebär att statsskulden ökar och leder till att senare generationer måste betala av räntan. Idag är statsskulden i nästan alla världens demokratier så hög att det är osannolikt att den någonsin kommer att kunna betalas tillbaka. Vad än värre är att institutioner som pensionsfonderna har köpt statsskuld under förutsättningen att detta skulle vara en långsiktigt bra investering. Detta är ett fruktansvärt skämt. Många människor kommer aldrig att se röken av den pension som de räknade med eftersom de pengar de tvingats betala redan har slösats bort.

Men trots alla dessa problem som demokrati för med sig fortsätter vi att hoppas och tro att allting kommer att förändras efter nästa val. Vi är fast i ond cirkel: Systemet håller inte vad det lovar, folk blir frustrerade och kräver förbättringar, politiker lovar allt mer, förväntningarna blir allt högre, den oundvikliga besvikelsen likaså, och så vidare. Medborgarna i en demokrati är som alkoholister som behöver dricka allt mer för att bli berusade, vilket varje gång resulterar i en allt värre baksmälla. Istället för att dra slutsatsen att de borde spola kröken vill de bara ha mer. De har helt och hållet glömt bort hur man tar hand om sig själv och har inte längre kontroll över sina liv.

Varför vi behöver mindre demokrati

Frågan är hur länge denna situation kan fortsätta, givet det samhälleliga missnöjet och den politiska och ekonomiska instabiliteten. Många människor inser att det är något fel på systemet. Politiker och opinionsledare klagar på det splittrade politiska landskapet, väljarkårens nyckfullhet, medias ytlighet och sensationsmakeri. Medborgarna klagar på att politikerna inte lyssnar på dem, att de inte håller vad de lovat, och att det politiska systemet är en charad och ett hån. Men de skyller problemen på fel politiker eller på sidofrågor som invandring eller globalisering, inte på det demokratiska systemets inneboende brister.

Just nu vet ingen vart vi ska ta vägen. Alla är fast i det tunnelseende som vi kallar demokrati. Den enda "lösningen" som folk kan komma på är "mer demokrati", dvs. fler statliga interventioner. Dricker ungdomar för mycket alkohol? Höj åldern för att få köpa alkohol! Vansköts de kroniskt sjuka på sjukhemmen? Skicka flera statliga kontrollanter! Uppfinns det för lite? Instifta en statlig innovationsmyndighet! Lär sig barnen för lite i skolan? Tvinga dem att göra fler prov! Ökar brottsligheten? Skapa en ny myndighet! Reglera, förbjud, tvinga, avskräck, kontrollera, inspektera, skäm bort, reformera, och över allt annat, ös pengar på problemet.

> *Medborgarna i en demokrati är som alkoholister som behöver dricka allt mer för att bli berusade, vilket varje gång resulterar i en allt värre baksmälla.*

Och vad händer om inget av detta fungerar? Förr eller senare kommer ropen att höras efter en Stor Ledare, en stark man som kommer att sätta stopp för allt tjafsande och skapa Lag och Ordning. Det finns en viss logik i allt detta. Om allting måste regleras av staten, varför då inte låta en välvillig diktator göra det ordentligt istället? Vi blir kvitt det oändliga velandet, obeslutsamheten, tjafsandet, ineffektiviteten. Det är sant att vi skulle få lag och ordning. Men på bekostnad av frihet, dynamik och tillväxt.

Lyckligtvis finns det en annan väg vi kan välja även om många människor har svårt att tro det. Den vägen är: mindre demokrati, mindre stat, mer individuell frihet.

Hur detta libertarianska ideal skulle se ut i praktiken berättar vi i bokens sista kapitel.

III - Mot en ny frihet

Det är en illusion att tro att problemen som vårt samhälle står inför kan lösas med "mer demokrati", och än mindre att demokrati är det bästa möjliga systemet.

Demokratin uppstod vid en tid då staten var relativt liten. 150 år av demokrati har dock lett till en enorm statsexpansion i alla demokratiska länder. Det har också lett till en situation där vi inte enbart behöver vara rädda för staten utan även våra medmänniskor, som är fullt kapabla att förslava oss via valurnan.

Men vårt samhälles blinda tro på demokrati är inte självklar. Den är faktiskt ett relativt nytt fenomen. Det är kanske förvånande för vissa läsare, men USA:s grundare – som Benjamin Franklin, Thomas Jefferson och John Adams – var undantagslöst emot demokrati. "Demokrati", sa Benjamin Franklin, "är två vargar och ett lamm som röstar om vad de ska äta till lunch". "Frihet", la han till, "är ett välbeväpnat lamm som motsätter sig omröstningen". Thomas Jefferson sa att demokrati inte var "något annat än pöbelstyre, där 51 procent av befolkningen kan avskaffa restens rättigheter".

De var knappast ensamma. De flesta klassiskt liberala och konservativa intellektuella under 1700- och 1800-talet, inklusive sådana kända tänkare som Lord Acton, Alexis de Tocqueville, Walter Bagehot, Edmund Burke, James Fenimoore Cooper, John Stuart Mill och Thomas Macaulay, motsatte sig demokrati. Den välkända konservativa författaren Edmund Burke skrev: "Jag är säker på att majoriteten i en demokrati är kapabel att utöva ett fruktansvärt förtryck mot minoriteten... och att detta förtryck av minoriteten kommer att spridas till att drabba allt fler och bli våldsammare än man någonsin kan föreställa sig".

Thomas Macaulay, den kände brittiske liberale tänkaren, uttryckte sig på liknande sätt: "Jag har länge varit övertygad om att rent demokratiska institutioner förr eller senare förstör friheten, civilisationen, eller både och". Dessa idéer var fullkomligt godtagbara på den tiden, något som Erik Ritter von Kuehnelt-Leddihn visar in sin bok "Liberty and Equality" (1951).

Under den senare delen av 1800- och 1900-talet trycktes dock den klassiskt liberala idén tillbaka och ersattes med en tro på kollektivism – uppfattningen att individen ska vara underställd gruppen. Liberalismen ersattes av olika former av kollektivism – kommunism, socialism, fascism och demokrati. Den senare av dessa former misstar folk nuförtiden för "frihet". Men som vi har visat i denna bok är det helt och hållet felaktigt att likställa demokrati med frihet. Precis som klassiskt liberala tänkare i det förflutna förstod är demokrati inget annat än en väldigt utstuderad form av socialism. För det lilla som återstår av vår frihet ska vi tacka den klassiskt liberala tradition som fortfarande lever kvar i väst – inte demokratin.

Den klassiskt liberala traditionen är dock under attack. Med varje generation som växer upp med den dagliga demokratiska propagandan som är överallt runt omkring oss dör en del av vårt liberala arv. Ingen förvånas längre när kvinnor kräver kvotering för styrelseplatser, när staten förbjuder rökning på barer och restauranger, eller när staten bestämmer vad våra barn ska lära sig i skolan. Alla håller kanske inte med om de specifika besluten men alla upplever det som fullständigt normalt att det är staten som ska bestämma. Det finns knappt någon opposition att tala om mot ett system som detaljstyr våra liv. Det finns inget principiellt motstånd mot uppfattningen att det ska bestämmas på "demokratisk" väg hur vi ska leva våra liv.

Decentralisering och individuell frihet

Finns det något alternativ till demokrati? Ett samhälle utan en stat, utan majoritetsstyre, ett fritt och samarbetande samhälle?

Absolut, och ett sådant alternativt behövs verkligen om vi inte vill hamna i ett tillstånd av tyranni och stagnation. Den västerländska världen behöver ett nytt ideal. Ett ideal som kombinerar dynamism och individuell frihet med samhällelig harmoni.

Ett sådant ideal är inte utopiskt. Det kan uppnås. Det första som måste göras är att minska statens roll. Folk måste åter ta kontroll över sina liv och frukterna av sitt arbete. Utan påträngande regler och beskattning kan folk skapa säkrare, drägligare och mer hållbara samhällen. Varför skulle inte folk klara av att spendera sina egna pengar som de själva vill, och köpa de försäkringar, och den sjukvård eller utbildning som de själva väljer? Vilken hemsk katastrof väntar oss om detta skulle inträffa? Varför ska staten ta folks pengar genom skatter och fatta beslut åt folk? Människor måste återigen ges frihet att välja själva, att lösa sina egna problem på sina egna sätt – individuellt eller, sannolikt vanligare, tillsammans. För utan samarbete är ordning och välstånd omöjligt. Men samarbete kan endast fungera om det är frivilligt och baserat på ömsesidigt samtycke.

> *Varför då inte en marknad för olika styrelseskick, där regeringar måste konkurrera och där medborgare enkelt kan byta regering?*

Människor måste åter ta kontroll över frukterna av sitt arbete. De måste ha frihet att skapa sina egna – religiösa, kommunistiska, kapitalistiska, etniska, och så vidare – samfund. Dessa kanske styrs demokratiskt, om invånarna vill det, eller inte, om de inte vill det.

En marknad för styrelseskick

Patri Friedman, sonson till nobelprisvinnaren Milton Friedman, sa en gång: "Regerande (eng. government) är en sektor med en väldigt hög inträdesbarriär. Faktum är att man måste vinna ett val eller starta en revolution för att få ett annat styrelseskick".

Det finns sannerligen inte mycket till konkurrens beträffande olika styrelseskick. Folk tycker att det är viktigt att företag konkurrerar. Folk förväntar sig en flexibel fri marknad för bilar, kläder, och försäkringar, med många olika leverantörer. Men varför då inte en marknad för olika styrelseskick, där regeringar måste konkurrera och där medborgare enkelt kan byta regering? Nuförtiden kan folk flytta till en annan stad, men eftersom de flesta skatter och lagar kommer från den centrala staten förändrar detta ingenting. För att kunna få ett annat styrelseskick måste folk emigrera, vilken är en enorm barriär.

Vi vet att företag har en tendens att bilda monopol och karteller för att kunna minska konkurrensen. Men stater har den tendensen också. Titta på koncentrationen av regeringsmakt i Washington och Bryssel. På en fri marknad kommer det dock alltid att vara möjligt för folk att starta nya företag för att utmana existerande monopol och karteller. Detta är orsaken till att monopol tenderar att vara kortlivade i den privata sektorn. När monopolister kräver ett högre pris eller missbrukar sin marknadsställning uppmuntrar det andra företag att ge sig in på just den marknaden.

> *Decentralisering, till skillnad från nationell demokrati, är ett system baserat på principen "lev och låt leva".*

När det gäller regerande så saknas denna typ av konkurrens. Precis som alla andra monopolister vill politikerna inte ha konkurrens. De föredrar att alla frågor bestäms kollektivt på en central nivå. "Problemet med illegala invandrare kan endast lösas på en europeisk nivå", säger de. Eller: "Skuldkrisen kan endast tacklas internationellt". Eller: "Terrorism kan endast bekämpas genom en stark och centraliserad organisation". Men det finns många små länder i världen som inte är en del av dessa "block" och som inte lider av ekonomiska kriser eller terrorism. På samma sätt förväntas vi tro att utbildning, sjukvård, finansmarknaden, och så vidare måste koordineras och regleras åtminstone på nationell nivå. Men det finns inget skäl till att det måste vara så.

Decentralisering skulle vara fördelaktigt för många grupper i samhället. Med lokalt självbestämmande skulle progressiva tänkare kunna praktisera sina progressiva idéer och konservativa tänkare skulle kunna göra samma sak med sina värderingar, utan att tvinga andra att anpassa sig efter deras sätt att leva. Folk som skulle vilja starta ett ekologiskt hippie-kollektiv skulle kunna leva i enlighet med sina drömmar. På egen bekostnad, så klart. Ett religiöst samfund som vill ha sina affärer stängda på söndagar kan göra det. One-size-fits-all-lösningar är onödiga och oönskade. Decentralisering, till skillnad från nationell demokrati, är ett system baserat på principen "lev och låt leva". Låt tusen nationer blomma.

En mångfald av styrelseskick innebär att folk enklare kan bestämma under vilket system de önskar leva. De kan flytta till en annan kommun eller län om de önskar ett annat styrelseskick. En sådan konkurrens försäkrar att ledarna hålls ansvariga, vilket knappast är fallet då en medborgares intresse begränsas till ett val var fjärde år. Även om endast ett fåtal medborgare flyttar till ett annat område kommer det att innebära ett starkt incitament att förbättra regerandet.

Om allt inte bestäms centralt kan regioner välja en riktning som passar deras omständigheter och önskemål bättre. Till exempel kanske ett specifikt område kan välja att sänka skatterna och minska regleringarna väldigt mycket för att stimulera den ekonomiska aktiviteten. Den amerikanske historikern Thomas E. Woods poängterar att politisk frihet uppstod i västeuropa just på grund av den fragmentering och differentiering som historiskt rådde där. Många små jurisdiktioner gjorde det möjligt för folk att fly från platser där förtryck rådde till mer liberala platser. Tyranniska ledare tvingades således att tillåta fler friheter.

Decentralisering i Schweiz

Schweiz har länge varit ett bevis på att decentralisering fungerar. Folk tror ofta att storlek och centralisering innebär välstånd, och andra fördelar. Men Schweiz som varken är medlem i EU eller Nato bevisar motsatsen. Med nästan 8 miljoner invånare har detta land ungefär samma befolkningsmängd som Virginia och dess regering är väldigt decentraliserad. Schweiz består av 26 kantoner som konkurrerar med varandra och har en stor del självstyre. Kantonerna var en gång i tiden separata självstyrande stater, och vissa har färre än 50.000 invånare. Dessutom finns det ungefär 2900 kommuner i Schweiz – där den minsta har ungefär 30 invånare. Detta är betydligt fler än de flesta andra europeiska länder. Större delen av de schweiziska inkomstskatterna betalas till kommunen och kantonen, och inte till den federala staten. Kommunerna och kantonerna skiljer sig mycket åt beträffande skatter och regleringar och konkurrerar således med varandra om medborgare och företag.

Det är ett välkänt faktum att Schweiz är ett framgångsrikt land. Det ligger i världstoppen när det gäller förväntad livslängd, sysselsättning, välmående och välstånd. Det är ett av få länder i världen som inte har varit i krig på mer än ett århundrade. Trots existensen av fyra språk (tyska, franska, italienska, och rätoromanska) existerar en stor mängd samhällelig harmoni, vilket står i stark kontrast till situationen i Belgien där konflikterna mellan flamländarna, som talar holländska, och de fransktalande vallonerna alltid hotar att splittra landet. Men medan flamländarna klagar på att de tvingas betala för de fattigare vallonerna har inte Schweizarna samma problem, tack vare deras decentraliserade system.

Schweiz är så klart en demokrati, men landet har så många och så små demokratiska enheter att de lyckas undvika många av de negativa effekter som drabbar nationella parlamentariska demokratier.

Schweiz visar också på hur möjligheten till utträde (eng. secession) minskar konflikter. På 1970-talet tyckte de fransktalande invånarna i kantonen Bern att de inte var välrepresenterade i den huvudsakligen tysktalande del som de bodde i. År 1979 trädde därför de fransktalande områdena ur och bildade sin egen kanton, Jura. Genom århundraden har dispyter mellan olika etniska grupper och språkgrupper fredligt lösts på detta sätt. Eftersom de schweiziska kantonerna är små kan folket inte bara rösta i valurnan utan de har också möjlighet att flytta om de inte trivs. På detta sätt driver bra politik ut dålig politik.

Detta betyder inte att vi förespråkar den schweiziska modellen som vår ideallösning eller vårt val. Men det är ett exempel som visar på hur ett decentraliserat system skulle kunna fungera och hur det leder till lägre skatter och mer individuell frihet. Vi menar inte heller att demokrati nödvändigtvis är bra bara för att det är i liten skala. En demokrati bestående av tre människor är fortfarande fel om ingen kan lämna den. Då kan den ha samma negativa effekter som en demokrati bestående av 10 miljoner invånare.

Det som spelar roll är att folk själva tillåts bestämma storleken på de administrativa enheter som de vill leva i och vilken form av regering de har. Det behöver inte vara en demokrati. Liechtenstein, Monaco, Dubai, Hong Kong, och Singapore är inte parlamentariska demokratier. Men de är framgångsrika. Dessa länder visar att det lilla ofta är det vackra.

Man kan kanske få för sig att rätten till utträde och självbestämmande leder till konflikt. Men det följer inte alls. Tänk på hur den fria marknaden fungerar. Alla har rätten att starta ett företag. Ändå är de allra flesta anställda av företag. Sådant samarbete gynnar alla involverade parter. Detta gäller för länder också. Folk kan välja att vara självständiga, men de flesta kommer finna att det ligger i deras intresse att vara med i ett samfund. Och de olika samfunden kommer också finna att det ligger i deras intresse att samarbeta. Självklart kan skalfördelar minska kostnader, men hur stort något bör vara kan endast avgöras om folk är fria att välja.

Utträde behöver inte nödvändigtvis leda till fullt administrativt självbestämmande med en gång. All form av decentralisering där en viss typ av ansvar överförs från det centrala till det lokala skulle kunna kallas politiskt utträde. Detta skulle kunna vara en attraktiv (övergångs-) form mellan fullständigt utträde och den nuvarande situationen.

Hur detta skulle kunna fungera kan man till exempel se i de särskilda ekonomiska zoner, likt Shenzhen, som den kinesiska staten skapade på 1980- och 1990-talet. Dessa regioner hade få regleringar, tillät en viss mängd utländska investeringar och banade vägen för resten av Kina att bli mer fritt. Även Dubai har skapat sådana frihandelszoner med få handels- och arbetsregleringar. Sådana ekonomiska frizoner skulle kunna fungera som förebilder för politiska frizoner där folk kan experimentera med olika styrelseskick.

Det kontraktsbaserade samhället

Folk tror ofta att om staten inte betalar för något (till exempel för operan, eller äldreomsorgen) kommer det inte att finnas. Men det är samma mentalitet som hos de människor i före detta Sovjetunionen som frågade: var skulle vi vara om vi inte hade staten som tog hand om oss? När den amerikanska ekonomen Milton Friedman besökte kommunistiska Kina fick han frågan av de kinesiska tjänstemännen vem som var USA:s naturresursminister. När han berättade att det inte fanns någon sådan person stirrade de misstroende på honom. De kunde inte föreställa sig att produktion och fördelning av råvaror var möjligt utan statlig kontroll.

Förr i tiden kunde folk inte föreställa sig hur livet skulle se ut utan en kung. En kung förväntades sörja för sina undersåtar. Nu för tiden ser vi på staten och demokratin på samma sätt. Idag finner folk det svårt föreställa sig att medborgarna – innan demokratins ankomst – accepterade kungens auktoritet. Men konstigt nog accepterar de majoritetens auktoritet utan problem.

Ändå ser vi självorganisation utan tvång eller kontroll uppifrån runt omkring oss varje dag. Ofta i strid med vad vi förväntar oss. Ingen trodde att något så pass anarkistiskt som Wikipedia, det internetbaserade uppslagsverket, var möjligt utan centralstyrning. Men det fungerar. Hela Internet är en samling av många separata organisationer, individer och teknologier som arbetar tillsammans utan centralstyrning. I internets begynnelse var det svårt för folk att förstå att det inte hade någon ägare, att det baserades på individuella och frivilliga överenskommelser mellan tusentals organisationer (internetleverantörer, företag, institutioner), som var och en endast kontrollerade en liten del av nätverket.

> Idag finner folk det svårt föreställa sig att medborgarna – innan demokratins ankomst – accepterade kungens auktoritet. Men konstigt nog accepterar de majoritetens auktoritet utan problem.

Faktum är att vårt ideal om det fria samhället liknar den modell som internet baseras på. På internet gäller endast ett fåtal enkla regler; resten är öppet för fritt deltagande. Huvudregeln på internet är att man kommunicerar med hjälp av protokollet TCP/IP. Med detta som grund tillåts miljontals företag, organisationer och individer att göra sin egen grej – att sätta upp sina egna domäner, erbjuda sina tjänster, och kommunicera på det sätt som de vill. Folk kan också starta nya protokoll ovanpå TCP/IP och se om det finns andra som hänger på. De kan starta nya tjänster och se om de lyckas hitta kunder. Denna mångfald, frihet och självorganisation på Internet har visat sig fungera otroligt bra.

På samma sätt är huvudregeln i ett fritt samhälle att inte begå bedrägeri, utföra våldshandlingar eller stjäla. Så länge som folk håller sig till dessa regler kan de erbjuda vilka tjänster som helst, vilket inkluderar sådant som vi nu för tiden ser som "public service". De kan också starta sina egna samhällen – monarkistiska, kommunistiska, konservativa, religiösa eller till och med auktoritära, så länge som "kunderna" går med frivilligt och så länge som de låter de andra organisationerna vara i fred. Dessa samhällen kan bestå av så få som 10 människor och så många som en miljon (notera att det privata företaget som Walmart har två miljoner anställda).

När du har många olika administrativa enheter kan folk alltid flytta om de inte gillar hur saker och ting sköts, och ledarna är väl medvetna om det. Deras invånare är inte enbart medborgare som emellanåt tillåts rösta, utan kunder som de måste tjäna på bästa möjliga sätt för att ha kvar dem. Samma sak händer på marknaden. Om kunderna inte gillar det som bagaren erbjuder behöver de inte organisera ett demonstrationståg för att kunna utöva inflytande på ägaren, de behöver bara gå till ett annat bageri.

> Det fria samhället liknar den modell som internet baseras på. På internet gäller endast ett fåtal enkla regler; resten är öppet för fritt deltagande.

Det är mer sannolikt att små samhällen kommer att baseras på tydliga överenskommelser än att inflytande kommer att utövas genom valsedeln. I USA och andra demokratiska länder har ingen medborgare ett kontrakt med staten som tydliggör deras ömsesidiga skyldigheter, till exempel vad staten ska tillhandahålla och till vilken kostnad. Tänk på frågor som pension, sjukvård, utbildning, bidrag, arbetslagar, och så vidare. Medborgare har en vag och odefinierad skyldighet att betala skatt och följa lagen, och staten har en odefinierad skyldighet att tillhandahålla tjänster. Och staten kan ändra spelreglerna när som helst, oavsett valresultatet. Detta skapar juridisk osäkerhet. Du kanske har tvingats betala till pensionen i många år med förväntningen att du får vissa förmåner när du går i pension. Men staten kan ändra dessa förmåner när som helst med ett pennstreck. Eller så kanske du hyr ut ett rum i tron att du kan säga upp hyreskontraktet vid en viss tidpunkt, när staten plötsligt kliver in och bestämmer att helt andra förutsättningar nu gäller beträffande tiden på alla hyreskontrakt.

> *I USA och andra demokratiska länder har ingen medborgare ett kontrakt med staten som tydliggör deras ömsesidiga skyldigheter, till exempel vad staten ska tillhandahålla och till vilken kostnad.*

Ett anständigt samhälle är ett samhälle som organiseras på kontraktsbasis där rättigheter respekteras och alla parter vet var de står. Där ledarna inte kan ändra spelreglerna. Och dessa kontrakt behöver inte nödvändigtvis vara likadana för alla. Precis som anställda på ett företag kan olika medborgare ha olika typer av kontrakt beroende på det område där de bor.

Vägen till frihet

Om den tekniska utvecklingen är en indikation på hur framtiden kommer att utveckla sig är utsikterna för decentralisering ljusa. En teknisk uppfinning som bilen ökade folks rörelsefrihet. P-pillret gav folk mer sexuell frihet och kvinnor mer kontroll över sina liv. Internets ankomst satte stopp för den styrande elitens järngrepp över media. Nu kan alla publicera nyheter, skicka ut sina idéer över hela världen, eller börja sälja produkter på Internet.

Faktum är att teknik är den verkligt demokratiserande kraften, mycket mer än det demokratiska systemet i sig. Där demokratin ger majoriteten makten över minoriteten, tenderar teknik att ge individer makt över sina egna liv. Demokrati tar makt från individer, teknik ger den till dem. Det är en decentraliserande kraft som kan göra mellanhanden, staten, onödig när det gäller kommunikation, finansverksamhet, utbildning, media och handel. Och eftersom den fria marknaden gör teknik ännu billigare ger tekniken till och med de allra fattigaste en viss kontroll över sina egna öden. Även i Afrika har folk nuförtiden fått nya möjligheter, inte på grund av bistånd utan för att datorer och mobiltelefoner blir billigare och billigare.

Mänskligheten gjorde enorma framsteg under det föregående århundradet, inte på grund av demokrati utan på grund av teknik och privat företagande. Apparater som iPhone, Walkman, och PC har gjort avancerade tekniska uppfinningar tillgängliga och bidragit till individens frigörelse. Genom tjänster som Facebook kan individer välja vilka sammanslutningar de vill tillhöra, bortom nationsgränser och utan statlig inblandning. Dessutom har utvecklandet av engelska som ett världsspråk, och möjligheten att resa billigt, gjort världen mindre och har gjort det mycket enklare att flytta till andra länder.

> *Faktum är att teknik är den verkligt demokratiserande kraften, mycket mer än det demokratiska systemet i sig.*

Allt detta innebär att konkurrens beträffande styrelseskick kan fungera mycket bra. Folk väljer redan i ökande grad var de vill arbeta eller bo, och under vilket styrelseskick. Miljontals människor lever eller arbetar utomlands. En värld med många små regeringsenheter, alla med sina särskilda egenskaper, skulle vara i linje med denna utveckling. Dessa små enheter kan välja att samarbeta i vissa frågor om det är till fördel för dem, exempelvis beträffande energi, invandring, och transport. De skulle också kunna samarbeta i försvarsfrågor, vilket skulle vara av vikt om en Storstat skulle uppstå och vilja krossa de mindre samhällena. Ekonomiskt framgångsrika och uppfinningsrika samhällen skulle sannolikt hitta smarta sätt att försvara sig mot denna typ av angrepp.

Ny teknologi ger oss till och med möjlighet att skapa helt nya länder. Seasteading-projektet, som delfinansierats av den tidigare nämnde Patri Friedman, försöker bygga artificiella öar på internationellt vatten. Dessa öar kan erbjuda alternativ till existerande styrelseskick.

För att lyckas uppnå decentralisering måste vårt politiska system radikalt förändras, men det är inte så svårt att göra som man kanske kan tro. Stora statliga organisationer kan monteras ner. Myndigheter för utbildning, sjukvård, samhälleliga och ekonomiska frågor, lantbruk, utrikesfrågor, bistånd och finans kan avskaffas. Ett samhälle behöver bara grundläggande tjänster som försäkrar att det finns lag och ordning och som hanterar miljöfrågor.

Välfärdsstaten kan omvandlas till ett privat försäkringssystem. Detta kommer att göra det möjligt för folk att ha frihet och säkerhet. De kommer att kunna ta ut en försäkring individuellt eller kollektivt genom fackföreningar eller de företag där de jobbar. De statliga försäkringarna som vi är vana vid är konstant utsatta för godtyckliga förändringar. Den säkerhet som staten utlovar är en falsk säkerhet och är underkastad av politiska nycker. Detta måste få ett slut. Omsorg om de fattiga och behövande kan skötas lokalt.

Statens kontroll över vårt finansiella system borde avskaffas så att stater inte längre kan förstöra värdet på våra pengar, och orsaka artificiella högkonjunkturer och recessioner. På detta sätt kommer en rättvis internationell finansmarknad att skapas, som inte längre kan manipuleras av mäktiga stater eller statsrelaterade institutioner.

Kort sagt måste den gigantiska demokratiska nationalstaten flytta på sig för mindre politiska enheter där medborgarna själva kan välja hur de vill forma sitt samhälle. Var helst det är möjligt borde alla frågor bestämmas på den lägsta lokala nivån.

Om det innebär slutet för EU, så mycket bättre. Politiker i Europa älskar att utmåla domedagsscenarior beträffande vad som skulle hända om EU föll samman. Men länder som Norge och Schweiz har aldrig varit med i EU och de klarar sig väldigt bra på egen hand.

Det hävdas ibland att EU säkerställer frihandel för medlemsstaterna. Om det var det enda som EU gjorde skulle det så klart vara bra, men faktum är att EU gör så mycket mer. Den "inre marknaden" som Bryssel har skapat har inget att göra med ekonomisk frihet utan raka motsatsen. EU flödar bokstavligen talat över av lagar och regleringar som förhindrar den ekonomiska friheten. Den är en superstat under konstruktion som kommer att förstöra medborgarnas och företagens frihet. EU representerar decentraliseringens motsats – den är ett typiskt exempel på centralisering, en ohållbar byråkratisk ångvält, där individuell frihet är ännu mera hotat än i en nationell demokrati. Ju tidigare den avskaffas desto bättre.

En ljus framtid

På många sätt går vi en ljus framtid till mötes. Mänskligheten har samlat på sig en oerhörd mängd kunskap och en omfattande produktionskapacitet – mer än tillräckligt för att skapa välstånd för hela jordens befolkning.

Dessutom finns det nu, efter 1900-talets blodiga kommunistiska och fascistiska regimers kollaps, en världsomspännande trend mot mer frihet. Stora grupper har fått mer personlig och ekonomisk frihet, vilket leder till mer välstånd och välmående. Andra gör uppror mot diktaturer och kräver ännu mer frihet. Det finns gott om skäl för att tro att denna trend kommer att fortsätta.

Det kanske är svårt att föreställa sig ett liv utan den demokratiska nationalstaten, men liknande radikala förändringar har skett i det förflutna. Precis som Linda och Morris Tannehill skrev i sin klassiska libertarianska, och anti-demokratiska, bok "The Market for Liberty" (1970):

Föreställ dig en träl, bunden till den mark som han föddes på och den samhällsposition han föddes i, arbetandes med

108

primitiva verktyg från soluppgång till solnedgång för sitt uppehälle, vilket han måste dela med godsherren. Hans sinne är fullt av rädslor och vidskepelser. Föreställ dig att du försöker berätta för honom om 1900-talets samhällsstruktur i USA. Det skulle förmodligen vara väldigt svårt att övertala honom om att en sådan samhällsstruktur ens var möjlig eftersom han skulle tolka allt du sa med utgångspunkt från sin egen förståelse av samhället. Han skulle låta dig veta, säkert med en överlägsen attityd, att om inte varje individ som föddes in i ett samhälle hade en särskild och fast plats i hierarkin skulle samhället snabbt förfalla i ett kaos. På samma sätt är det om man försöker berätta för en person på 1900-talet att staten är ondskefull och onödig, och att vi skulle ha ett långt bättre samhälle om vi inte hade någon stat alls. Sannolikt skulle det ge upphov till en artig skepticism... speciellt om personen inte var van vid att tänka självständigt. Det är alltid svårt att föreställa sig hur ett helt annorlunda samhälle skulle kunna fungera, och speciellt ett mycket mera avancerat samhälle. Detta har att göra med att vi är så vana vid vår egen samhällsstruktur att vi automatiskt ser på varje aspekt av det mer avancerade samhället med vårt eget samhälles glasögon, vilket förvränger bilden bortom meningslöshet.

Vi tror att nationalstaten och den demokrati som hör den till är fenomen som hör till 1900-talet, inte 2000-talet. Vägen till självständighet och egenmakt kommer att fortsätta men den kommer inte att leda genom stora demokratier. Vägen kommer att gå genom decentralisering och organiserandet av människor i mindre administrativa enheter, som deltagarna själva har skapat.

Vissa kanske hävdar att de flesta människor inte är kapabla att vara fria. Att de inte är ansvarsfulla nog eller har tillräckligt med vilja att leva oberoende liv. Att de måste regeras för sitt eget bästa. Men detta är samma argument som användes mot slaveriets avskaffande eller kvinnornas frigörelse. Slaveriet borde inte avskaffas, hävdades det, eftersom de svarta inte skulle klara av att ta hand om sig själva – och dessutom vill ju de flesta av dem ändå inte ha frihet. Kvinnor borde inte ha lika rättigheter, påstods det, eftersom de inte klarade av att tjäna sitt eget uppehälle eller klara av de krav som ett oberoende liv innebar. Men verkligheten bevisade motsatsen. Det kommer att vara likadant när den demokratiska välfärdsstaten avskaffas. Folk kommer att visa sig vara förvånansvärt självständiga så fort de får chansen. Självklart kommer de inte att bestämma sig för att leva i avskildhet utan de kommer att organisera sig i grupper som de själva valt, i företag, klubbar, fackföreningar, associationer, samhällen och familjer.

Befriade från byråkratins och det demokratiska majoritetstyrets förslöande kontroll kommer de att förändra världen på sätt som vi idag inte kan förutse. Som Linda och Morris Tannehill uttryckte det:

Många av de icke önskvärda tillstånd som folk idag tar för givet skulle vara annorlunda i ett samhälle som inte led under en stat. De flesta av dessa skillnader skulle komma från en marknad som befriats från statskontrollens döda hand – vare sig det rör sig om fascism eller socialism – och som således skulle vara kapabel att skapa en hälsosam ekonomi och en väldigt mycket högre levnadsstandard för alla.

> *I sitt personliga liv föredrar folk frihet över tvång. De föredrar att ha ett direkt val på den fria marknaden över att uttrycka sina önskemål via valsedeln.*

Det är dags för folk att vakna upp till det faktum att demokrati inte leder till frihet eller självständighet. Demokrati löser inte konflikter och den släpper inte lös produktiva eller kreativa krafter utan snarare raka motsatsen. Demokrati leder till antagonism och restriktioner. Demokratins centraliserande och tvingande aspekter resulterar i organiserat kaos, medan individuell frihet och den oorganiserade marknadens dynamik skapar spontan ordning och välstånd.

I sitt personliga liv föredrar folk frihet över tvång. De föredrar att ha ett direkt val på den fria marknaden över att uttrycka sina önskemål via valsedeln. Finns det någon som skulle föredra att staten valde bil åt dem istället för att de själva fick välja?

Det är hög tid för folk att inse att den frihet de önskar för sig själva även måste ges till andra. Att deras frihet inte kan överleva om inte andra får njuta av samma frihet. Att de själva i slutändan kommer att bli offer för det demokratiska tvång de utövar på andra. De kommer att fastna i en fälla som de själva gillrat.

Övergången till mindre demokrati och mer frihet kan verka skrämmande för vissa. Alla har vi växt upp i demokratiska nationalstater och vi har utsatts för konstant socialdemokratisk propaganda. Vi har lärt oss att vårt samhälle är "det bästa av alla världar".

Verkligheten är dock mindre tilltalande. Det är dags att vi accepterar denna verklighet. Staten är inte en välvillig jultomte. Den är ett egoistiskt och destruktivt monster som aldrig kommer att bli nöjd och som till slut kommer att kväva folkets självständighet och frihet. Och detta monster hålls vid liv av demokratin: av idén att det är rätt att varje människas liv styrs av majoriteten.

Det är på tiden att vi överger idén att folket – och således staten – har rätten att styra. Villfarelsen att vi kommer att få det bättre om staten, inte vi själva, bestämmer hur vi lever och spenderar våra pengar. Att den demokratiska one-size-fits-all-lösningen leder till harmoni och välstånd. Att vi gynnas av det demokratiska våldet.

Det är dags att vi befriar oss från majoritetens tyranni. Det enda vi har att förlora är de kedjor som håller oss bundna.

Efterord – Libertarianism och demokrati

Vår kritik av demokrati skrevs från ett libertarianskt perspektiv. Libertarianism är en politisk filosofi som baseras på självägande, det vill säga varje individs rätt till sin egen kropp och sitt eget liv, och således till frukterna av sitt arbete. Alternativet till detta är att vissa människor bestämmer över andra människors liv och arbete (eller – men detta är högst orealistiskt – att alla bestämmer över alla andra). Enligt libertarianismen är en sådan situation orättvis. Libertarianismen baseras på principen att individer inte har någon skyldighet att offra sig själva för kollektivet, vilket är fallet under socialism, fascism och demokrati.

För libertarianer betyder inte individuell frihet (självägande) samma sak som att man har en "rätt" till arbete, utbildning, sjukvård, tak över huvudet eller något annat, eftersom sådana rättigheter implicerar någon annans skyldighet att tillhandahålla dem. Om en person tvingas offra sig för andra är detta inte frihet utan slaveri. Frihet betyder att alla har rätten att göra vad som helst med sina liv och sin egendom så länge som det inte stör andras liv eller egendom. Kort sagt är libertarianer emot initierandet av fysiskt våld.

Det huvudsakliga syftet för ett libertarianskt rättssystem är att skydda individen mot alla former av våld. Libertarianer stöder alla friheter som följer av principen om självstyre. Till exempel är vi för religionsfrihet, dödshjälp, droglegalisering, yttrandefrihet och så vidare. Vi är också för folks rättighet att associera sig, samarbeta eller ingå bytesrelationer, det vill säga vi är för en fri marknad.

Vi tror att individer och grupper har rätten att skapa sina egna regler beträffande hur deras egendom ska användas. Precis på samma sätt som att alla tillåts bestämma vem man bjuder in i sitt hem, har en barägare rätt att bestämma om rökning är tillåtet eller inte, och en arbetsgivare borde ha rätten att bestämma om hans företag ska kräva en speciell klädsel eller inte. Ingen tvingas besöka baren, eller arbeta för företaget, om de inte gillar reglerna.

Av denna anledning är libertarianism emot alla anti-diskrimineringslagar. Sådana lagar är inkompatibla med föreningsfriheten. Staten kräver: Ni skall förenas! Oavsett om Ni gillar det eller inte. Som kontrast till detta baseras libertarianism på valfrihet; alla relationer och transaktioner borde vara frivilliga.

Diskriminering innebär: att behandla olika. Man kan tycka det är löjligt om någon inte vill associera sig med bögar, judar, tyskar eller vem som helst, men frihetsprincipen innebär att ingen måste rättfärdiga sina val, oavsett hur löjliga de är. Du behöver inte ha ett bra skäl för att inte göra något. Libertarianism försvarar folks rätt att göra saker, eller inte göra saker, vilket vissa kan uppfatta som stötande. Precis som yttrandefrihet innebär att folk har rätt att uttrycka åsikter som andra inte håller med om. Folks enda skyldighet är att inte initiera våld.

Anti-diskrimineringslagar är faktiskt i sig en sorts våld, eftersom de tvingar folk att associera sig med andra mot deras vilja. Borde vi tvinga gamla tanter att gå in i mörka gränder där våldsamma ynglingar väntar på dem? Borde vi tvinga folk att gå på dejt med folk de tycker är oattraktiva? Självklart inte! Men i så fall, hur kan staten ha rätt att tvinga arbetsgivare att anlita folk som de inte vill anlita? Och hur kan staten ha rätt att tvinga barägare att acceptera kunder som de inte vill ha? Som libertarianer tror vi att sådana former inte bara är felaktiga utan också kontraproduktiva. De leder till hat och konflikt snarare än tolerans och harmoni.

Libertarianism är varken vänster eller höger, varken progressivt eller konservativt. Progressiva föredrar statlig kontroll av ekonomin men är (ibland) villiga att tillåta en rimlig mängd personlig frihet. Konservativa är för statlig kontroll över folks personliga val men är (ibland) villiga att tillåta en rimlig mängd ekonomisk frihet. Men båda har gemensamt att de anser att individen är statens, eller kollektivets, undersåte. Libertarianism är den enda politiska filosofin som säger att kollektivet inte har rätt att styra över individen. Libertarianism är den enda politiska filosofin som principiellt är emot initierandet av våld, det vill säga mot all form av våld som inte sker i självförsvar. Baserat på denna princip är libertarianism också emot kolonialism, imperialism och utlandsinterventioner.

Libertarianism är inte en ny filosofi; den baseras på en gammal tradition. De stora liberala tänkarna på 1600- och 1700-talet hade idéer som var väldigt nära det libertarianska idealet. Idag kallar vi deras filosofi "klassiskt liberal" för att skilja den från nutidens "liberalism", som inte är något annat än en variant av socialdemokrati, och absolut inte en frihetsfilosofi. På 1800- och 1900-talet försvarades libertarianismen av ett antal "anarko-kapitalister" och en grupp av klassiskt liberala ekonomer, särskilt från Österrike. Ett nutida akademiskt hem för libertarianism i USA är Mises-institutet, som döptes efter den store österrikiske marknadsliberale ekonomen Ludwig von Mises. År 1974 vann Friedrich Hayek, som var en av Mises studenter, ekonomipriset i Nobels minne. Den mest välkände libertarianska tänkaren på 1900-talet var en annan av Mises studenter, den amerikanske ekonomen och intellektuelle Murray Rothbard. Hans bok *For a New Liberty* är antagligen ännu den bästa introduktion till libertarianism som finns.

Men Mises och Rothbard producerade aldrig en rigorös analys av demokratin. Den första libertarianska tänkaren som gjorde det var den tyske ekonomen Hans-Hermann Hoppe. Hans bok *Democracy – The God That Failed* (2001) är för tillfället huvudverket inom detta område.

På sistone, delvis tack vare Hoppes arbete, har analyser av demokrati blivit vanligare bland libertarianska författare, men det mesta av deras kritik kan endast hittas i artiklar som publicerats i diverse tidningar eller på libertarianska hemsidor som mises.org. Så vitt vi vet har en fullfjädrad populärlibertariansk kritik av demokrati aldrig någonsin publicerats. Vi hoppas att vi har lyckats fylla detta gap med denna bok.

För mer information om denna bok, besök vår hemsida www.demokratinsbaksida.com. I Sverige kan mer information om libertarianism hittas på www.mises.se. För information på holländska, besök Frank Karstens hemsida www.meervrijheid.nl.

Några citat om demokrati

"Demokrati är två vargar och ett lamm som röstar om vad de ska äta till lunch. Frihet är ett välbeväpnat lamm som motsätter sig röstningen".

Benjamin Franklin, statsman, vetenskapsman, filosof, och en av USA:s grundlagsfäder

"Demokrati överlever aldrig länge. Den förslösar, bränner ut och dödar till slut sig själv. Det har aldrig funnits en demokrati som inte tagit sitt eget liv".

John Adams, USA:s andre president

"Demokrati är inget annat än pöbelvälde, där 51 procent av befolkningen kan avskaffa restens rättigheter".

Thomas Jefferson, USA:s tredje president

"Vi menar att socialism och demokrati är ett och aldrig kan skiljas åt".

Socialist Party U.S.A.

"Varje val är en sorts förtida auktion av stöldgods".

H.L. Mencken (1880 – 1956), amerikansk journalist och essäist

"Hur kan vi fortsätta att säkerställa framsteg om vi allt mer antar en livsstil där ingen är villig att ta ansvar för sina egna handlingar och alla söker säkerhet i kollektivism? Om detta vanvett fortsätter kommer vårt samhälle att förfalla till ett samhällssystem där alla har sin hand i alla andras fickor."

Ludwig Erhard, före detta tysk kansler och arkitekten bakom Tysklands ekonomiska mirakel efter kriget

"Obegränsad demokrati är, precis som oligarki, ett tyranni som spritts över många människor".

Aristoteles

"Staten är den stora illusion genom vilken alla försöker leva på andras bekostnad".

Frédéric Bastiat (1801 – 1850), fransk klassiskt liberal teoretiker och ekonom

"När folk inser att de kan rösta till sig pengar kommer det innebära republikens slut".

Benjamin Franklin

"De som ber om mer stat ber i slutändan endast om mer tvång och mindre frihet".

Ludwig von Mises, österrikisk ekonom och en stor förkämpe för den fria marknaden

"Ingen människas liv, frihet eller egendom går säker då den lagstiftande församlingen träffas".

Mark Twain (1835 – 1910), amerikansk författare

"Demokrati är folkets vilja. Varje morgon blir jag förvånad då jag öppnar morgontidningen och läser vad det är jag vill."

Wim Kan, holländsk komiker

Ludwig von Mises – institutet i Sverige

Ludwig von Mises (1881-1973) var av de mest anmärkningsvärda ekonomerna och samhällsfilosoferna på 1900-talet. Under ett långt och synnerligen produktivt liv utvecklade han en sammanhängande deduktiv ekonomisk vetenskap baserad på ett grundläggande axiom: att individer agerar målmedvetet för att uppnå önskade mål.

År 1982, nio år efter Ludwig von Mises död, grundades Ludwig von Mises-Institutet (www.mises.org), ett forsknings- och utbildningscentrum för klassisk liberalism, libertariansk politisk teori, och den österrikiska ekonomiska skolan. Mises-institutet är världens ledande producent av utbildningsmateriel, konferenser, media och litteratur i den tanketradition som representeras av Ludwig von Mises och den skola han återupplivade under 1900-talet, en skola som nu blomstrar till en massiv internationell rörelse bestående av studenter, professorer, professionella och människor inom alla livets områden.

Ludwig von Mises-institutet i Sverige är institutets svenska filial. Utöver en aktiv hemsida (www.mises.se) där vi dagligen publicerar artiklar och blogginlägg, anordnar vi även konferenser och utbildningar. Vårt mål är att återupprätta en ekonomisk teori som är grundad på individuellt agerande, att återuppliva kritisk historisk forskning, och att föra fram den misesianska tanketraditionen genom att försvara marknadsekonomin, privat egendom, sund penningpolitik, och fredliga relationer. Vi strävar efter att förklara hur alla statliga interventioner är destruktiva för både ekonomi och samhälle i övrigt. För att kunna återskapa ett fritt och välmående samhälle behövs en radikal förändring av det intellektuella klimatet och där vill vi vara med och bidra.

119

Ludwig von Mises är en av våra stora förebilder. Han har än idag inte fått det erkännande han förtjänar. Av denna anledning har vi valt att avbilda honom på vår vapensköld, där vi även tagit med en annan av våra intellektuella förebilder: Hans-Hermann Hoppe. Både Mises och Hoppe påminner oss om att vi måste vara kompromisslösa i vårt försvar av de grundläggande frihetsprinciperna, och att vi aldrig får vara rädda för sanningen. Ludwig von Mises kompromissade aldrig och var aldrig rädd för sanningen, vilket gav honom många problem i livet.

Hans-Hermann Hoppe har fortsatt i Mises fotspår. Dessa två borde vara intellektuella förebilder för alla som vill ha en friare värld. Vi har inte råd att passivt stå vid sidan om och se samhället förfalla i kaos på det sätt som sker idag. Eller som Mises sade 1922: "Alla bär en bit av samhället på sina axlar; ingen får sitt ansvar avlastat av andra, och ingen kan finna en trygg väg för sig själv om hela samhället är på väg mot förstörelse. Därför måste alla, för sitt eget bästa, kraftfullt kasta sig in i den intellektuella kampen."

Till syvende och sist styrs civilisationens utveckling av idéer, sanna som falska. Idéer kan ändras på mycket kort tid. Ludwig von Mises skrev att idéer är gratis och inte begränsade av ekonomiska restriktioner. De är oändligt reproducerbara och det gäller även receptet för frihet och välstånd. Med intellektuellt entreprenörskap, universell distribution av idéer, och en optimistisk framåtanda, kan framtiden snart bli mycket ljusare än den är idag. Om du delar våra ideal och vill inspirera dina medmänniskor, hjälp oss att sprida kunskapen om frihetens och välståndets principer.

www.ingramcontent.com/pod-product-compliance
Lightning Source LLC
Chambersburg PA
CBHW020539290526
45786CB00002B/951